D1729930

Angelika Pauly

Spatzenkind

Gespräche mit einem Ungeborenen

Ein Tagebuch

Teil 3

Carow Verlag

Angelika Pauly, „Spatzenkind"
© Carow Verlag, Philippinenhof 6a, 15374 Müncheberg
Alle Rechte vorbehalten, Februar 2020
Satz: Ron Carow
Lektorat: Peter Hoeft
Covergrafik: © Can Stock Photo / vectorpocket
Druck und Bindung: Frick Kreativbüro & Onlinedruckerei e.K.
Gedruckt in: Deutschland

ISBN: 978-3-944873-61-9

http://carow-verlag.de

10. Mai 2020

Omi!

Ja, mein Schatz.

Ich bin hie...hier!

Ja, mein Schatz.

Siehst du mich?

Nein, aber deine Mama hat mir heute von dir erzählt.

Und dann plauderst du das gleich aus?

Ach wo, wir sind doch unter uns, liest kein Mensch, bestimmt!

Spielst du mit mir?

Gerne, was wollen wir spielen?

Ich sehe was, was du nicht siehst. Ich fange an.

Okay.

Ich sehe was, was du nicht siehst und das ist ... Kawumms.

Kawumms?

Ja, Kawumms. Also, was ist das?

Soll das eine Farbe sein?

Was ist eine Farbe?

Braun, oder rot zum Beispiel.

Nein, ich meine Kawumms. Jetzt rate doch mal!

Ich bemühe mich. Ist es vielleicht ein Regenwurm?

Was ist ein Regenwurm?

Entschuldige.

Ich verrate es dir, Kawumms ist das, was Papa gerade gesagt hat.

Ich rate mal weiter: Deinem Papa ist etwas heruntergefallen.

Das weiß ich nicht, er hat Kawumms gesagt und das sollst du raten.

Gerne. Eine Kaffeetasse? Eine Blumenvase?

Omi, alles falsch!

Du sag mal, hast du eigentlich Ohren?

Noch nicht.

Dann kannst du doch gar nicht gehört haben, was dein Papa gesagt hat.

Spielverderber!

Ha!

Auch ha! Ich muss jetzt wachsen, Omi. Spielen wir morgen weiter, ja?

Ja, bis morgen, wachse schön.

Du auch, Omi.

abends

Omi, wieder da? Mir ist sooo langweilig. Spielen wir was?

Was möchtest du denn spielen?

Blindekuh.

Hm, du hast doch noch gar keine Augen.

Ist doch praktisch, so brauchst du die mir nicht zu verbinden. Ich dreh mich mal ein paar Mal um mich selber. Das kann ich schon prima.

Glaub ich dir. Bist du fertig? Wo bin ich?

Da, ich hab dich.

Uiii, das ging schnell, du bist richtig gut.

Jetzt bist du dran, Omi. Hast du ein Tuch?

Ja, ich verbinde meine Augen.

Jetzt dreh dich!

Mir wird schwindlig …

Ich halte dich fest, keine Bange.

Danke, bist ein liebes Kind.

Und du eine liebe Oma, du spielst so schön mit mir. Sonst spielt ja keiner mit mir. Klara ist ja schon so groß und Julian sogar schon in der Schule. Und ich bin nur das Kleine, das ist doch Mist!

Du ärgerst dich.

Und wie! Ich will nicht das Kleine sein, ich will so groß wie die anderen sein. Ich wachse jetzt ganz schnell, da werden alle staunen.

Davon bin ich überzeugt. Aber ob groß oder klein, ich hab dich lieb.

Ich dich auch, Omi. Wie groß bist DU denn?

Auch nicht sonderlich groß.

Bist du auch immer die Kleine?

Nein, eher die Alte.

Auch nicht nett.

Mach dir keine Gedanken.

Mach ich mir aber, das ist ja dikiminent.

Kann schon sein.

Und kontaband.

Wir sollten protestieren.

Oh, tut mir Leid, ich habe keine Zeit mehr, ich muss wieder wachsen.

Viel Erfolg dabei.

Für dich auch, Oma.

11. Mai

Huhu, Omi! Endlich, ich habe schon so auf dich gewartet.

Hallo, mein Spatzenkind.

Bin ich eigentlich wirklich noch so klein?

Ja, geradezu winzig.

Und doch muss ich überall mit.

Was meinst du?

Ach, Omi, ich habe solche Angst. Was ist Angst?

Ein dumpfes Gefühl im Bauch.

Dann habe ich schon einen Bauch, denn darin ist es ganz dumpf.

Willst mir erzählen, warum?

Ja, es ist wegen diesem Ding.

Meinst du vielleicht die Operation von Julian?

Ganz genau, Omi, du bist wirklich schlau. Ich habe solche Angst und weiß gar nicht, warum.

Du spürst die Angst von deiner Mama und die von deinem Bruder. Aber mach dir bitte nicht so viele Sorgen, es wird schon alles gutgehen.

Ich würde lieber hierbleiben und spielen.

Das geht leider nicht, aber spielen kannst du doch trotzdem.

Was kann ich denn spielen?

Nun, du hast doch immer so tolle Ideen. Vielleicht ‚Fisch, Fisch, Fisch, über'n Tisch'. Kennst du das?

Natürlich.

Na bitte. Dann spielst du das, wenn du mit Mama und Julian in der Klinik bist. Du stellst dir einfach vor, du wärest ein kleiner Fisch und hüpfst über einen Tisch.

Das wäre zu machen, Oma. Ach, ich spiele so gerne. Was wollen wir heute spielen?

Ene, mene, muh. Ich fang heute mal an. Also: Ene – und jetzt du.

Mene

Muh, Und raus bist du.

Och nö. Noch mal!!! Ene

Mene

Muh und raus bist du. Juhu, ich habe gewonnen.

Entschuldige Oma, aber jetzt muss ich wieder wachsen.

Bis morgen, Spatzenkind. Wachse schön.

Du auch, Oma.

12. Mai

Hallo, mein Spatzenkind.

Ich wachse gerade, Oma.

Hast du keine Zeit?

Eigentlich nicht, Kannst du heute mal alleine spielen?

Klar. Ich spiele auf meinem Keyboard.

Uiii, das möchte ich auch, Darf ich?

Hast du denn schon Fingerchen?

Weiß ich nicht.

Ohne kannst du nicht spielen.

Darf ich es trotzdem mal versuchen? Wo ist das Dings?

Hier in meinem Musikzimmer.

Also neben Mamas Bett?

Nein, hier bei mir in Wuppertal. Liegst du denn im Bett?

Ja, Mama ist schlecht.

Das tut mir leid.

Mir doch auch. Und ich muss wachsen, was soll ich machen?

Gar nichts, du kannst ja nichts dafür. Wachse du nur schön.

Ich möchte aber lieber auf dem Ding spielen.

Oh, jetzt läuft Mama mit mir ins Badezimmer. Kann ich dein Spielen da auch hören?

Hm, was hältst du davon, wenn wir zusammen singen? Ich fange mal an: Lalalala.

Lalalala, das geht einfach, das kann ich schon.

Prima, dann jetzt zusammen:

Lalalala

Lalalala

Das klingt wunderschön.

Finde ich auch.

Bis morgen, Oma.

Bis morgen, Spatzenkind.

13. Mai

Wie geht es dir heute?

Mir geht es gut, aber Mama nicht. Wenn ich nur wüsste, was ich tun soll …

Mach dir bitte keine Gedanken.

Was sind denn Gedanken?

Etwas, das durch den Kopf geht.

Gehen kann ich noch nicht, glaube ich.

8

Das glaube ich auch.

Kannst du schon gehen, Oma?

Klar.

Und was machst du mit dem Gehen?

Oft arbeiten.

Das macht Papa auch.

Und Mama, nicht wahr?

Nein, die hat einen Bürostuhl.

Was du alles weißt …

Hat Julian gesagt. Ich höre nur zu.

Julian ist schlau.

Und wie. Aber ich auch, glaube ich. Bist du schlau, Oma?

Kann sein, man sagt es.

Ich hätte gerne eine schlaue Oma.

Und ich gerne ein schlaues drittes Enkelkind.

Spielen wir das?

Was?

Schlau sein.

Gut, ich stelle dir mal ein Rätsel:

Was ist ganz klein und ein Spatzenkind?

Ich! Oma, ich bin das!

Richtig! Und jetzt bist du dran.

Was ist schlau und hat ein Dings.

Ein Dings?

Worauf du immer spielst, Oma.

Aha, ein Keyboard meinst du.

Ja, genau das. Also, was ist schlau und hat ein Keyboard.

Hm, sollte ich das sein?

Wieso das denn?

Hm.

Rate mal weiter.

Hm, ich weiß nicht.

Siehst du, du kannst das gar nicht sein. Wenn du schlau wärst, wüsstest du das doch.

Tolle Logik.

Ich weiß nicht, was das ist, aber es klingt gut. Ich muss jetzt wieder wachsen, Oma. Und morgen muss ich mit in dieses doofe Krankenhaus.

Das geht auch vorbei. Bis morgen, Kleines.

Bis morgen, Oma.

14. Mai

Omi, wie war es denn heute im Krankenhaus?

Das wollte ich dich gerade fragen. Du warst doch da.

Ja, aber ich weiß es nicht. Ich habe nichts gehört und nichts gesehen.

Kein Wunder, kannst ja noch nicht sehen und hören, aber du hast doch sicher etwas gefühlt, oder?

Ja, Angst.

Nicht schön, was?

Schrecklich. Ich habe versucht, mich zu verstecken. Das hat geklappt.

Hast du dann weniger Angst gehabt?

Ja, aber ich musste ja wachsen und da hatte ich Angst, wenn ich so groß werde, findet man mich.

Man kann nicht alles haben, mein Spatzenkind.

Kann man dich leicht finden, Oma?

Wenn ich mich gut verstecke dann nicht.

Versteckst du dich oft?

Immer wenn ich keine Lust habe, mich zu zeigen.

Wollen wir Verstecken spielen?

Gerne.

Fang du an, Oma, ich suche dich dann.

Okay, zähle bis drei.

Gut. Ene mene muh, ich komme!

Huhu, Oma, wo bist du? Ich sehe dich nicht.

Ich bin versteckt.

Oma, sag mal ,piep'!

Pieeep!

Ha, ich hab dich gefunden.

Mist, das ging aber schnell.

Jetzt suchst du mich. Zähle ene, mene, muh.

Eins, zwei, drei, ich komme!

Ha, ich hab dich. Du bist in Mamas Bauch.

Mist, wie bist du so schnell drauf gekommen?

Einfach drauflos geraten.

Musst du jetzt wieder wachsen?

Ja, Oma, bis morgen.

Bis morgen!

15. Mai

Es ist alles gut, Omi!

Ja, ich weiß, hat Mama mir gesagt. Julian hat die Operation gut überstanden.

Ja, aber er ist maulig, das ist doof. Bin ich auch maulig, Oma?

Nein, mein Schatz, warum auch? Oder tut dir auch dein Bauch weh?

Ich weiß doch gar nicht, ob ich einen Bauch habe.

Doch, hast du.

Tut mir aber nicht weh. Tut dein Bauch weh, Oma?

Nein. Ich denke nur viel an Julian.

Ach, Oma, der schläft – fast den ganzen Tag heute. Mama auch.

Aha, und du?

Na, ich wachse. Willst du mal sehen?

Oha, ja, ganz enorm.

Danke, Oma, hach, bin ich stolz. Ist auch gar nicht so einfach, so viel zu wachsen.

Das glaube ich dir. Ich schaffe nicht mal einen Millimeter.

Echt nicht?

Nein. Du kannst etwas, was ich nicht kann.

Obwohl du eine Oma bist ...

Aber wollen wir nicht was spielen? Ich meine, wenn Mama und Julian schlafen, langweile ich mich doch etwas.

Klar doch, aber was?

Ich rieche was, was du nicht riechst?

Wie geht das denn?

Wir schnuppern und der andere muss raten was.

Ja gut, soll ich anfangen?

Mach mal, Oma.

Also, ich rieche was, was du nicht riechst und das ist süß.

Kein Problem, Oma, kann nur Mama sein. Die hat so einen süßen Duft.

Und jetzt ich. Ich rieche was, das du nicht riechst und das blau.

Veilchen.

Stimmt! Du bist wirklich gut. Was sind denn Veilchen?

Blumen, kleine süße Blumen.

Sag ich doch.

Oh, Julian wird wach. Jetzt weint er, aber Mama tröstet ihn.

Morgen darf er doch nach Hause.

Und ich auch! Und Mama auch. Dann bin ich froh. Ich vermisse Papa und Klara.

Wird bald alles wieder wie immer sein.

Bis morgen, Spatzenkind.

Bis Morgen, Oma.

16. Mai

Du schummelst, Oma. Heute ist nicht gestern.

Ich weiß, tut mir leid. Gestern hatte ich keine Zeit.

Warum denn nicht? Ich habe sooo viel Zeit.

Ach, es ging um dieses dumme Virus.

Ach, das kenne ich. Sprechen Mama und Papa viel von und ich höre zu.

Ohne Ohren?

Klar!

Und was hörst du?

Mit den Händen halten und Abstand waschen. Hoffentlich muss ich nicht gewaschen werden. Klara mag das gar nicht, das weiß ich.

Du wirst sicher nicht gewaschen bevor du geboren bist.

Ein Glück.

Also, ich wurde getestet und musste zuhause bleiben. Dann aber kam das Ergebnis und ich bin nicht infiziert.

Bin ich finfiziert?

Um Himmels willen! Sicher nicht.

Warum schmeißt man das Dings nicht einfach weg? Mama hat gestern eine Tüte Milch weggeschmissen.

Die war sicher schlecht geworden und schmeckte nicht mehr.

Dann lass das Dings doch einfach schlecht werden und nicht mehr schmecken.

Ich tue mein Bestes, mein Schatz. Vielen Dank für den Tipp.

Bitte, Oma, gerne. Brauchst du noch einen Tipp? Ich habe viele.

Ja, wann wird es endlich richtig Sommer?

Morgen, Oma, morgen. Aber nur, wenn alle schön wachsen.

Aha, und woher weißt du das?

Ich habe, wie du, einfach drauf los geraten.

Tolle Tipps …

Nicht gut?

Bestens.

Ich muss jetzt wachsen.

Dann bis morgen.

Bis morgen, ähm, bis heute, Oma.

17. Mai

Heute hat mein Vater Geburtstag.

Toll! Wer ist denn dein Vater?

Dein Uropa.

Uiii ... ist der schon so groß wie ich?

Nein, er lebt nicht mehr.

Lebe ich denn?

Und wie! Frag deine Mama.

Kann ich nicht, ihr ist schlecht.

Das tut mir leid.

Muss es nicht, Oma, ist ja nicht deine Schuld. Meine aber auch nicht.

Ah ja. Bist du schön gewachsen?

Heute nicht so dolle, da war was.

Was war denn? Und warum hat es dich am Wachsen gehindert?

Wir waren draußen, glaube ich. Und da war so ein Dings zum Schaukeln.

Du meinst eure Schaukel?

Kann sein. Mama wollte schaukeln und ich habe mich gewehrt. Da ist ihr wieder schlecht geworden und ich habe geweint.

Ohne Augen?

War mir in dem Moment ganz egal, Oma.

Und weil ich weinen musste, konnte ich nicht wachsen und jetzt werde ich sicher immer so klein bleiben, glaube ich.

Das eine hat mit dem anderen nichts zu tun.

Was ist das eine?

Das eine ist das Schaukeln und das andere ist dein Wachstum.

Woher willst du das denn wissen …

Vielleicht, weil ich deine Oma bin.

Aha. Ich muss mich morgen mal messen, dann weiß ich, ob du Recht hast.

Hast du denn ein Maßband?

Wozu? Das kann ich auch so.

Gut, dann berichte mir morgen.

Mach ich, Omi, bis morgen.

Bis morgen, Spatzenkind.

18. Mai

Oma, ich glaube, ich bin krank!

Was hast du denn für Beschwerden?

Na, alles! Meine Zähne tun weh, meine Ohren und so.

Du hast weder Zähne noch Ohren.

Woher willst du das denn wissen? Du kannst mich doch gar nicht sehen.

Erfahrung, mein Spatzenkind.

Was ist das? Habe ich die auch?

Nö, Erfahrung bleibt mir vorbehalten.

Stimmt nicht, ich habe heute nämlich etwas erfahren.

Ach, und was?

Hat Mama dem Papa gesagt. Es ist fürchterlich wichtig.

Nun sag schon, was ist das denn?

Wir haben kein Bier mehr.

Kein Bier???

Genau, kein Bier. Ist sehr wichtig. Was ist Bier?

Ein Getränk für Erwachsene.

Och, ich dachte, das wäre was für Julian, Klara und mich.

Nein, Kinder dürfen kein Bier trinken.

Trinkst du Bier, Oma?

Nein, mag ich nicht. Ich trinke nur Wasser und Kaffee.

Ich auch.

Ich weiß, du trinkst von dem Fruchtwasser, das dich umgibt. Doch halt, kannst du ja noch gar nicht.

Hach, ist das doof ... spielen wir was, Oma?

Gerne. Ene mene muh?

Nein, das ist langweilig. Spielen wir mal Hüpfekästchen. Das hat Klara heute im Kindergarten gespielt. Kennst du das?

Ja das habe ich früher auch gespielt. Hast du Kreide?

Nee.

Okay, aber ich. Ich mal jetzt ein Hüpfekästchen auf die Steine und schreibe Zahlen hinein. So, fertig. Hier ist ein kleiner Stein für dich.

*Danke, *werf* – *hüpf**

Prima gemacht. Jetzt ich, *werf* – *hüpf*

Upps. Auf den Rand getreten.

Ich habe gewonnen, juhu!!!

Herzlichen Glückwunsch, du bist wirklich gut.

Obwohl ich noch klein bin und noch gar keine Beine habe.

Geht ja alles virtuell.

Genau, Omi. Und jetzt muss ich wieder wachsen. Wir sehen uns morgen, oder?

Natürlich, wir sehen uns jeden Tag bis zu deiner Geburt und ab da nicht mehr virtuell, sondern ganz real.

Ciao.

Ciao.

19. Mai

Wie geht es dir heute?

Prima, aber Mama nicht.

Ich weiß, ihr ist schlecht. Aber das ist ganz normal.

Ist mir auch schlecht?

Sicher nicht.

Was muss ich denn dann machen?

Ruhig sitzen oder liegen.

Das kann ich nicht, ich schwimme die ganze Zeit herum.

Musst du ja auch nicht.

Ein Glück. Spielen wir was, Oma?

Ja, gerne. Wollen wir scrabbeln?

Oh ja, wie geht das denn?

Man hat ein Spielbrett und Buchstaben aus Holz. Daraus bildet man Worte.

Ich fang an! Was ist ein Wort?

18

Ach, denk nicht darüber nach. Sag einfach was.

Pudding! Hat Mama heute gekocht, ich glaube mit Erbsen.

Mit Erbsen?

Ja, mit so kleinen Dingern drin.

Sicher mit Schokoladenstreuseln.

Ja, genau! Julian und Klara haben sich so gefreut. Also ich sage *Pudding*.

Gut, das macht 11 Punkte.

Hurra! Habe ich gewonnen?

Nun mal langsam, jetzt bin ich dran. Ich lege *Telefon*. Das macht genau 12 Punkte.

Na, bitte, ich habe gewonnen. Ich habe mehr Punkte als du.

Also rechnen musst du noch lernen!

Klar, wenn ich groß bin. Ich wachse jetzt mal weiter, Oma. War schön mit dir zu spielen. Überleg dir schon mal was für morgen, ja?

Mach ich. Bis morgen, Spatzenkind.

Bis morgen, Oma.

20. Mai

Oma! Oma? Wo bist du?

Hier, mein Spatzenkind. Etwas verspätet, ich war mit Opa spazieren.

Na endlich. Ich muss dir etwas ganz Wichtiges sagen: Ich bin schon dreimilltonnen Axmetillia groß. Was sagst du nun? Hättest du das gedacht?

Nein, ich bin auch ganz überrascht. Ich hätte dich kleiner geschätzt.

Aber Oma ...!

Entschuldige. Du kennst mich doch. Es tut mir leid.

Aber echt, dass ich sooo groß bin ... Mama war auch erstaunt, glaube ich.

Glaube ich eher nicht, sie weiß wie groß so kleine Ungeborene sind.

Woher soll sie das denn wissen?

Weil sie schon Klara und Julian bekommen hat?

Klara ist meine Schwester und Julian ist mein Bruder. Was haben die denn damit zu tun?

Eine ganze Menge. Die waren auch mal in Mamas Bauch so wie du jetzt.

Ist nicht dein Ernst ...

Doch.

Ich denke, ich frage mal Mama.

Mach das.

Sofort wenn ich geboren bin mache ich das. Aber jetzt wollen wir spielen, ja?

Gerne, du bist ja ganz wild aufs Spielen.

Ach weißt du, Oma, hier spielt ja keiner mit mir. Klara spielt mit Julian und Mama liegt auf der Couch, weil ihr schlecht ist. Und wer denkt an mich?

Na, ich. Also, was wollen wir spielen?

Hast du dir nichts ausgedacht?

Ach ja, das wollte ich ja. Oh weh, ich habe es glatt vergessen.

Oma!

Keine Sorge, ich denke mir rasch etwas aus. Wie wäre es mit *Kriegen*?

Kenne ich nicht, wie geht das denn?

Einer ‚muss‘ und die anderen laufen weg. Der, welcher ‚muss‘, läuft hinter ihnen her und versucht sie zu fangen. Also, du bist dran. Ich laufe jetzt weg.

lauf

hinterherlauf

Ich hab dich!

Uff, ich bin außer Puste. Jetzt fange ich dich.

schwimm

Das gilt nicht!

Doch, Oma.

So kann ich dich doch nicht fangen.

Dann habe ich gewonnen. Hurra!

Ja, hast du wohl.

Musst du jetzt wieder wachsen?

Ich weiß nicht, wo ich doch schon groß bin. Was meinst du denn, Oma?

Nun, ich denke, so ein kleines Stückchen könnte nicht schaden.

Gut, dann mache ich das. Bis morgen, Oma.

Bis morgen, Spatzenkind.

21. Mai

Hallo, mein Spatzenkind. Alles gut bei dir?

Ach wo, Mama ist sooo schlecht. Und ich muss ganz still sein, glaube ich.

Was habt ihr denn heute gemacht?

Nicht viel, nur auf der Couch gelegen. Mensch, war das langweilig. Ich mag ja Ruhe, aber heute wurde es mir zu viel. Was hast du denn gemacht, Oma?

Auch nicht viel. Mit Opa gescrabbelt und im Garten gesessen, Kaffee getrunken und so. Ach ja, ich habe auch an einer Geschichte geschrieben und das mache ich ja gerade auch wieder.

An welcher Geschichte denn?

Das ist geheim, mein Schatz.

Das kenne ich, ich bin auch noch geheim.

Tatsächlich? Mir hat deine Mama aber sofort von dir erzählt.

Das war doch klar. Aber sonst weiß noch keiner von mir, glaube ich. Das ist richtig geheimnisvoll.

Spannend?

Und wie!

Dann haben wir beide ein Geheimnis oder sind geheim.

Ist das unser neues Spiel, Oma?

Ja, gute Idee.

Wir spielen also *Geheimnis*. Ich denke mir eines aus, ja?

Okay.

Also, mein Geheimnis ist uralt und ganz lieb.

Aha. Ist es ein Gegenstand?

Nein.

Ein Tier?

Aber Oma, du bist doch kein Tier.

Bin ich das etwa?

Erraten! Du hast gewonnen. Herzlichen Glückwunsch.

Danke. Ich bin jetzt müde.

Ich auch, bin viel gewachsen heute und muss noch.

Armes Kind, so viel zu tun.

Arme Oma, so viel zu schreiben.

Nun komm, uns geht es doch gut.

Auch wieder wahr.

Bis morgen, mein Kleines.

Bis morgen, Oma.

22. Mai

Das hat vielleicht geregnet gerade, ich bin ganz nass geworden. Hast du mal ein Handtuch, Oma?

Natürlich, mein Spatz. Hier bitte. Aber ich denke, du warst schon vor dem Regen nass.

Wieso das denn? Es hat geregnet, hat Mama gesagt, und ich bin ganz nass. Das kann nur von diesem Regen kommen. Mama ist ja auch nass geworden.

Ich wette mal, dass deine Nässe nicht vom Regen kommt.

Was ist denn wetten? Ist das ein Spiel?

Wir können ein Spiel daraus machen, wenn du magst.

Natürlich, du weißt doch, wie gerne ich spiele.

Ja, das weiß ich.

Dann mach doch ein Spiel daraus, Oma.

Ja gut. Also, ich wette, dass du ganz toll schwimmen kannst.

Augenblick *schwimm*

Stimmt, Oma.

Dann habe ich die Wette gewonnen.

Toll, jetzt bin ich dran. Ich wette, dass du nicht schwimmen kannst.

Verloren, ich kann schwimmen. Habe ich schon als Kind in der Schule gelernt.

Oh, schade. Wetten wir noch einmal?

Gerne.

Also ich wette, dass du nicht weißt, wie ich heiße.

Du hast doch noch gar keinen Namen.

Richtig! Also weißt du nicht, wie ich heiße, und damit habe ich die Wette gewonnen.

Für ein klitzekleines Ungeborenes bist du sehr clever.

Jetzt bist du wieder dran, Oma.

Ich wette, dass du nicht weißt, welche Hose ich heute trage.

Du hast heute die Hose mit den Taschen an der Seite an.

Stimmt. Woher weißt du das nur?

Ich bin gut, nicht wahr?

Zu gut, mein Spatzenkind.

Aber jetzt muss ich …

… wieder wachsen?

Nein, ein wenig schlafen. Ich bin müde.

Dann schlaf schön, mein Kleines. Bis morgen.

Bis morgen, Oma.

23. Mai

Hallo, Spatzenkind, wo bist du?

Ich bin hier, Oma. Wo soll ich schon sein …

Oh, das klingt nicht gerade lustig.

Bin ich auch nicht.

Warum, was ist los?

Ich bin sauer.

Und warum?

Wegen Klara. Sie meint, sie wäre schon sooo groß. Und nur, weil sie jetzt schon ein paar Mal alleine im Kindergarten war. Julian ist ja noch krank und muss zuhause bleiben.

Nun ja, das macht sie ja auch prima.

Pah, groß! Und wie groß bin ich?

3 mm bei der letzten Untersuchung.

Ist das nichts? Wer ist schon so groß? Ich meine, in meinem Alter. Stimmt das nicht, Oma?

Ich glaube, diese Größe ist völlig normal.

Jaja, und Klara meint, sie wäre sooo groß. Also wirklich. Na, die kann was erleben.

Uiii, das klingt ja wie eine Drohung.

Ich bin eben sauer.

Klara ist aber doch mehr als 3 Jahre älter als du, das ist doch eine Tatsache.

Älter ja, das stimmt, aber größer? Woher will sie das denn wissen?

Ich habe noch kein Ungeborenes gesehen, das größer als eine Dreijährige ist. Das gibt es einfach nicht.

Oma, meinst du wirklich?

Wirklich!

Und du bist sicher?

Sehr sicher. Wollen wir etwas spielen? Dann entsäuerst du dich vielleicht.

Ja, bitte. Wie wäre es mit *Rückwärtsgehen*?

Gut, kannst du das denn?

Das wirst du schon sehen, Oma. Aber fang du an.

Okay.

rückwärtsgeh

Hoppla, angestoßen. Bumms, ich bin gestolpert.

Oha, aber jetzt ich.

rückwärtsschwimm

rückwärtsschwimm

rückwärtsschwimm

Na? Mache ich das toll?

Wenn man davon absieht, dass du schwimmst statt zu gehen, ja.

Habe ich gewonnen?

Sieht ganz so aus.

Hurra! Ach, ich bin auch nicht mehr sauer ...

Das ist gut.

... sondern müde, und wachsen muss ich ja auch noch. Hätte ich fast vergessen.

Je mehr du wächst, umso weniger Grund hast du, um sauer zu sein.

Das verstehe ich jetzt nicht ...

Ist auch egal. Wachse schön. Bis morgen, Spatzenkind.

Bis morgen, Oma.

24. Mai

Hallo, mein Spatzenkind. Onkel Chrissy hat heute Geburtstag. Es gibt Schokoladentorte und Berliner.

Cool! Ich komme.

Wie willst du das denn machen?

Ich frag Mama.

Ihr könnt aber nicht kommen, wegen Corona.

Ach ja, dieses dumme Virus. Julian ist auch am Toben und am Weinen. Er will so gerne zu dir.

Ich weiß, wir müssen aber noch tapfer sein.

Wie lange denn noch, Oma?

Ich weiß es nicht, vielleicht noch ein paar Wochen.

Und was ist mit der Torte?

Wir feiern getrennt. Onkel Chrissy und Tante Jana sitzen unten im Garten und Opa und ich in der Wohnung.

Das ist aber doof.

Das kannst du laut sagen.

DAS IST ABER DOOF!

Nicht so laut, meine Ohren!

Entschuldige. Spielen wir, wer am lautesten sprechen kann?

Lieber, wer ganz leise sprechen kann.

Ja gut.

Fang du an.

Kannst du mich hören, Oma?

Wie bitte?

Kannst du mich hören, Oma?

Ich höre dich nicht.

Jetzt?

Ja, jetzt schon.

Dann habe ich wohl gewonnen.

Moment, ich bin noch dran.

Hörst du mich?

Oma? Bist du noch da?

Ja, hörst du mich nicht?

Oma?

Ich bin hier.

Ich glaube, du hast gewonnen. Ich habe dich echt nicht gehört.

Juhu!

Herzlichen Glückwunsch! Aber jetzt habe ich keine Zeit mehr zum Spielen, ich muss wachsen.

Dachte ich mir schon. Dann bis morgen, Spatzenkind.

Bis morgen, Oma.

26. Mai

Fällt dir eigentlich jeden Tag etwas ein, das du über mich schreibst, Oma?

Ich bemühe mich jedenfalls.

Was schreibst du denn heute?

Gib mir einen Tipp.

Vielleicht darüber, dass ich heute die Küche unter Wasser gesetzt habe, während Mama mit Paris telefoniert hat?

Ich glaube, das warst nicht du, sondern Klara und das war schon vor zwei Wochen.

Hm, hat dir Mama wohl erzählt, was?

Genau.

Ich möchte aber auch mal die Küche unter Wasser setzten.

Warum? Lass das bloß sein. Das gibt nur Chaos und Dreck.

Warum hat Klara das dann gemacht? Wollte sie das?

Ich glaube nicht, es ist ihr wohl einfach passiert. Vielleicht wollte sie Geschirr abwaschen und der Mama helfen, oder sie wollte sich etwas zu trinken nehmen oder so.

Ich will Mama auch helfen.

Das kannst du machen, wenn du größer bist.

Klara ist aber schon groß.

Geht so, drei Jahre ist nicht wirklich groß.

Sie ist aber schon im Kindergarten.

Dafür ist sie groß genug.

Wie groß muss man denn sein, um die Küche unter Wasser zu setzen?

Dazu ist man nie groß genug.

Hm, dann lasse ich das später besser sein.

Mama wird es dir danken.

Oh, bitte, bitte!

Gern geschehen.

Bist du denn heute schon gewachsen?

*Ja, bin ich schon. Aber dabei bin ich so müde geworden, dass ich jetzt ein Schläfchen halten möchte *gähn*.*

Dann schlaf schon, mein Spatzenkind. Bis morgen in alter Frische.

Bis morgen.

26. Mai

Boah, ich bin sooo müde. Ich bin heute so viel gelaufen.

Du und gelaufen? Du kannst doch noch gar nicht laufen.

Nun ja, ich war mit Mama spazieren. Julian und Klara waren auch dabei. Klara wollte nach einiger Zeit nicht mehr gehen und ich durfte nicht ...

Klar, du bist noch zu klein.

Das ist sooo doof, immer zu klein zu sein.

Ich bin heute auch viel gelaufen, war mit Opa im Wald.

Wir waren nicht im Wald, hier gibt es gar keinen Wald.

Ich weiß, bei euch gibt es Felder und Flüsse. Ich war im Wald, in dem ein Mittelgebirgs-Bach fließt. An diesem Bach habe ich schon als Kindergartenkind gespielt.

Da will ich auch spielen. Nimmst du mich morgen mit?

Morgen noch nicht, aber im nächsten Frühjahr.

Hurra! Das ist ja nicht mehr lange. Darf ich dann laufen?

Dazu wirst du dann auch noch zu klein sein.

Aber das ist doch ungerecht.

Findest du? Ich denke eher, du wirst froh sein, im Kinderwagen zu liegen. Laufen ist ganz schön anstrengend. Im Kinderwagen wirst du gefahren und kannst prima schlafen.

Wenn ich nur einen hätte ...

Wieso?

Mama sagte heute, dass der alte Kinderwagen von Julian nicht mehr schön ist. Total vollgekrümelt und so.

Ja so ist es und Klara hat da ja auch noch drin gelegen. Weißt du was? Ich schenke dir einen neuen.

Au ja, einen Kinderwagen ganz für mich alleine.

Dann machen wir das so. Spielen wir was?

Bin zu müde, Oma.

Ich eigentlich auch. Dann legen wir uns schlafen, ja? Gute Nacht, mein Spatzenkind.

Gute Nacht, Oma.

27. Mai

Und was schreibst du heute über mich, Oma? Wie ich so toll gewachsen bin?

Kann ich machen. Wie viel bist du denn gewachsen?

So ungefähr sieben, glaube ich.

Sieben was? Meter?

Woher soll ich das denn wissen? *heul*

Entschuldige, ich wollte dich nicht zum Weinen bringen.

Hast du aber *noch-mehr-heul*

Tut mir so leid. Wie kann ich dich trösten?

Gar nicht *heul*

So schlimm?

Nein, es geht mir wieder gut.

Prima, wollen wir spielen? Blindekuh?

Blindekuh??? *heul*

Ich bin doch nicht blind! Wie kannst du nur so etwas sagen!

Oh je, was ich habe gesagt …

heeeuuuul

Ich mache heute wohl alles falsch.

Ja, und ich muss immer weinen. Mama auch.

Aha.

Verstehst du das?

Ja, das sind die Hormone. Das geht vorbei.

Da bin ich aber froh, denn weinen ist ganz schön anstrengend. Ich wollte eigentlich mit dir spielen.

Ach ja? Dann schlag was vor.

Kann ich nicht, muss wieder heulen.

Was hältst du denn von einem Nickerchen, das bis morgen früh dauert?

Gute Idee, Oma.

Dann wünsche ich dir eine gute Nacht.

Ich dir auch, Oma.

Bis morgen. (Puh, das war aber heute anstrengend ...)

28. Mai

Huhu, Spatzenkind!

... --- ...

Hallo? Wo bist du denn?

Hier, Oma, ich habe mich versteckt. Siehst du mich?

Nein.

Dann habe ich gewonnen.

Ich wusste gar nicht, dass wir schon spielen.

Ich spiele aber schon den ganzen Tag. Jetzt bist du dran.

Gut, dann zähle mal bis zehn.

Was soll ich?

Zählen und die Augen zu halten.

Zählen kann ich, aber die Augen kann ich nicht zu halten. Also: acht, drei, fünf. Ich komme!

versteck

Oma, ich sehe dich. Du sitzt an deinem Schreibtisch vor diesem Dings.

Mist, hast du mich schon gefunden. Und das Dings ist ein Laptop.

Mir egal. Jetzt bin ich wieder dran und du zählst.

Gut, eins, zwei, drei … ich komme!

such

such

such

Sag mal: „piep".

piep

Hm, du hast dich aber gut versteckt.

Ich bin hinter deinem Vorhang, Oma, da wo sich Julian auch immer versteckt.

Ach so, ja, ein sehr gutes Versteck. Julian finde ich da auch immer nicht. Nur wenn er *piep* sagt. Jetzt verstecke ich mich wieder und du zählst.

Fünf, fünf, fünf, ich komme!

bin-versteckt

such

Na?

*Ich finde dich nicht *heul**

piep

Ach, da bist du. Ich hab dich gefunden, Oma, du stehst am Fenster und schaust in den Garten.

Richtig.

Wer hat denn jetzt gewonnen?

Ich weiß auch nicht, du warst wirklich gut.

Klar, habe heute genau aufgepasst, als Klara und Julian Verstecken spielten.

Aha, kein Wunder also.

Und woher kannst du das so gut, Oma?

Schon als Kind eingeübt, war nicht schwer. Ich schlag vor, dass wir noch Entscheidungs-Verstecken machen.

Ja, prima. Wir verstecken uns beide.

Und wer soll dann suchen?

Der Weihnachtsmann.

Da müssen wir aber lange im Versteck bleiben. Es dauert, bis er kommt.

Aber Oma, ich bleibe in jedem Fall bis dahin in meinem Versteck. Wenn du das nicht schaffst, gewinne ich.

Das denke ich auch. Herzlichen Glückwunsch.

Danke, Oma.

29. Mai

Mensch, ich bin vielleicht kaputt!

Mensch, ich bin vielleicht kaputt!

Du auch?

Du auch?

Was hast du denn heute gemacht?

Na, was wohl? Ich bin gewachsen, im Rekordtempo. Und du? Auch gewachsen?

Das wäre schön, nein, ich hatte einen Buchblock von meinem neuen Buch.

Ist das Buch gewachsen?

Hm, könnte man vielleicht so sagen. Jedenfalls war das viel Arbeit und ich bin sehr müde.

Mein Wachsen war auch so viel Arbeit und ich bin sehr müde.

Mein armes Kleines.

Meine arme Oma.

Sind wir wirklich so arm? Wachsen ist doch was Gutes und ein Buchblock ist es auch. Bald wirst du groß sein und ich halte ein neues Buch in meinen Händen.

Oder du hältst mich in deinen Händen und das Buch wird groß sein.

Da verdrehst du aber was.

Au ja, spielen wir Verdrehung?

Wie geht das denn?

Du sagst was und ich verdrehe.

Ja gut. Also, morgen ist Samstag und dann gehen Opa und ich einkaufen.

Also, morgen ist Opa und du gehst ... nee, nochmal. Also morgen ist einkaufen und Opa und du ... oh, ich schaffe es nicht.

Dann bin ich dran. Sag du was.

Ich bin klein und du bist groß. Ich bin ein Kind und du eine Oma.

Ach, das ist leicht!

Ich bin klein und du bist groß. Ich bin ein Kind und du eine Oma.

Mensch, Oma, das hast du ja klasse gemacht.

Habe ich gewonnen?

Auf jeden Fall.

Das war ein schönes Spiel. Ich freue mich schon auf morgen.

Ich mich auch. Bis morgen, Spatzenkind.

Bis morgen, Oma.

30. Mai

Huhu, Oma!

Huhu, Spatzenkind. Bist du wieder gewachsen?

Und wie! Das macht die frische Luft, sagt Mama.

Aha, meinte sie dann nicht vielleicht Klara und Julian?

Kann sein ... aber ich wachse auch ganz doll.

Das glaube ich gerne. Was spielen wir heute?

Trampolinspringen.

Oh, da brauchen wir aber ein Trampolin.

Aber Oma, das steht doch in unserem Garten.

Ja, ich weiß, aber wir brauchen ein virtuelles Trampolin.

Und was soll das sein?

Weißt du denn überhaupt, was ein Trampolin ist?

Natürlich, da wird einem ganz furchtbar schlecht.

Aha, und dann willst du das spielen?

Klar, wie Julian und Klara. Ach ja, es gibt auch immer Geschrei. Das ist lustig.

Na, deine Mama kann sich freuen, wenn du auf der Welt bist. Dann hat sie eine richtige Rasselbande.

Genau, das sagt sie immer.

Ich meinte das jetzt eher sarkastisch.

Wie? Du redest heute so komisch, Oma. Spielen wir jetzt Trampolinspringen? Ich möchte das auch mal machen.

Ja, gut. Fang du an.

spring

hüpf

Das machst du richtig gut.

Danke. Jetzt du, Oma.

Oha, ob ich das kann? Aber gut, es ist ja nur ein virtuelles, da kann ja nichts passieren.

spring

hüpf

Und jetzt springen wir zusammen, ja?

Okay!

spring

hüpf

spring

hüpf

Mir wird schlecht …

Mir auch … hören wir auf.

Aber es gab doch noch gar kein Geschrei.

Kannst du denn ein Geschrei machen?

Ich glaube nicht … kannst du das, Oma?

Schon, aber ich denke nicht daran.

Och man … nur ein kleines Geschrei, bitte.

Ich schreie aber nicht. Wie sieht das denn aus, eine Oma, die herumschreit.

Ohne Geschrei ist es kein richtiges Trampolinspringen.

Du bist aber hartnäckig.

Nö, mein Nacken ist ganz weich.

Ein Glück.

Finde ich auch. Ich muss jetzt wieder wachsen, Oma.

Und ich wieder ein Buch schreiben. Bis morgen, Spatzenkind.

Bis morgen, Oma.

31. Mai

Guten Abend, mein Spatzenkind.

Huch, ist schon Abend? Da muss ich ja ins Bett.

Als wenn du wüsstest, was Abend ist und als wenn du ins Bett müsstest ...

Stimmt, Oma, ich mache nur Spaß. Aber ungefähr das hat gerade Julian gesagt. Ich glaube, der will nicht ins Bett gehen. Was ist denn ein Bett?

Ein kuscheliger Ort zum Schlafen.

Hast du ein Bett, Oma?

Ja, ein schönes und gemütliches.

Ist ja mal wieder klar ... und ich hab keines ...

Du brauchst noch kein Bett. Wenn du geboren bist, wirst du eine Wiege haben.

Ist die Wiege auch kuschelig und gemütlich?

Und wie, ich kenne sie ja, Klara hat darin gelegen und immer tief und fest geschlafen.

Macht sie denn Platz, wenn ich komme?

Du wirst ganz alleine darin liegen, denn Klara ist schon viel zu groß. Sie passt nicht mehr rein.

Und was kann ich in dieser Wiege spielen?

Du wirst eine Spieluhr haben und der Melodie zuhören.

Wollen wir das heute spielen?

Einer Melodie zuhören? Ja, gerne.

Hast du eine Melodie, Oma? Ich habe keine.

Ich kann singen, wenn du magst.

Mach mal.

sing

Hm, Mama singt aber besser.

Natürlich, ist ja auch deine Mama.

Wenn Mama singt, wird mir ganz kuschelig.

Das glaube ich dir. Sing du doch mal.

blubb-blubb-blubber

Geht irgendwie nicht.

Bist ja auch unter Wasser. Klingt aber ganz harmonisch, ich glaube, du bist musikalisch.

Bist du auch musikalisch, Oma?

Ein wenig, ja.

Du musst aber noch üben, Oma. Und dann versuchen wir es noch mal.

Gut, dann übe ich singen und morgen spielen wir noch einmal.

Bis morgen, Oma.

Bis morgen, Spatzenkind.

1. Juni

Oma, mir geht es hervorragend!

Das freut mich zu hören. Hat deine Mama heute auch von sich gesagt.

Ja, Mama geht es auch hervorragend. Was ist denn hervorragend?

So etwas wie super.

Aha, und was ist super?

Prächtig.

Und was ist prächtig?

Sag mal, ist das ein Spiel?

Ja, Oma. Also, was ist prächtig?

Bestens. Und Bestens ist sehr gut. Noch Fragen?

Nein, jetzt bist du dran.

Okay, was heißt ‚dran'?

Ich weiß nicht ... vielleicht drin?

Falsch!

Oh, Mist, dann habe ich verloren.

Spielen wir eine zweite Runde?

Was ist eine Runde?

Nichts Eckiges.

Was ist eckig?

Du bestimmt nicht.

Du hast gewonnen, Oma. Jetzt habe ich aber keine Lust mehr, weil es mir heute hervorragend geht.

Das ist logisch.

Was ist logisch?

Halt, das Spiel ist zu Ende.

Ein Glück, irgendwie ist das Spiel doof.

Finde ich auch.

Morgen spielen wir etwas anderes.

Machen wir. Dann wachs mal schön, mein Spatzenkind.

Du auch, Oma. Bis morgen.

2. Juni

Hallo, mein Spatzenkind. Was hast du heute gemacht?

Na, was wohl ... ich bin wieder gewachsen, Oma. Du solltest mich einmal sehen. Ich glaube, ich sehe schon sehr hübsch aus.

Da bin ich mir sicher.

Bist du auch hübsch, Oma?

Das ist Ansichtssache.

Spielen wir Ansichtssache, Oma?

Wie geht das denn?

Ich frage dich etwas und ...

... ich antworte, dass das Ansichtssache ist?

Ja, genau.

Dir fällt sicher noch etwas Besseres ein. Überleg doch mal.

Dann spielen wir, wer am schnellsten wachsen kann.

Du bist gut, da gewinnst du doch sofort. Omas wachsen nicht mehr.

Ich würd gerne gewinnen.

Dann spielen wir das. Fang an!

wachs

wachs-ganz-doll

mmm

mhmhm

Geht nicht. Du hast gewonnen.

Hurra! Und jetzt spielen wir etwas, bei dem du gewinnst, Oma.

Das ist aber nett von dir.

Du bist ja auch so nett.

Vielen Dank. Dann spielen wir, wer am schnellsten laufen kann. Ich fang an.

ganz-schnell-lauf

schwimm-hin-und-her

Du hast gewonnen, Oma. Ich kann ja noch gar nicht laufen.

Hurra!

Jetzt bin ich vom Laufen ganz müde geworden.

Ich auch ... vom Schwimmen.

Dann wünsche ich dir eine gute Nacht, mein Spatzenkind.

Gute Nacht, Oma.

3. Juni

Spatzenkind, wo bist du?

Im Garten, Oma, mit Mama und Klara und Julian. Wir springen auf dem Trampolin und Papa hat gestern das Planschbecken aufgebaut. Ich plansche gerade. Weißt du, wie das geht?

Aber Spatzenkind, das weißt du doch. Mache einfach das, was du immer machst, herumschwimmen. Das ist das, was du zurzeit am besten kannst.

Ja gut, hach, da bin ich aber froh. Alles andere kann ich nicht, das ist vielleicht doof.

Das glaube ich dir, aber das gibt sich. Du wirst sicher einmal ganz tolle, spezielle Fähigkeiten haben.

Warum hast du mich denn gerufen, Oma?

Ich schreibe jetzt über dich, weil ich heute Abend keine Zeit habe.

Och, wie schade.

Ja, die Äpfel, die ich gekauft habe, waren schlecht.

Wie Mama, der ist auch wieder schlecht.

Ich kaufe heute Abend neue.

Soll ich jetzt auch eine neue Mama kaufen?

Um Himmels willen, Kind! Außerdem kann man Mamas nicht kaufen.

Ich würde meine auch gerne behalten *heul*.

Nur nicht wieder heulen …

heul

wäääh

Was ist denn los?

Das weiß ich nicht. Weißt du das?

Sicher wieder die Hormone, oder weil alles so schön ist. Die Sonne scheint, es ist wunderbares Sommerwetter und Klara und Julian spielen so schön.

Heulst du auch manchmal, Oma?

Klar!

Komisch, jetzt kribbelt es in meinem Bäuchlein.

Dann lachst du jetzt bestimmt.

Klara läuft hinter Julian her und versucht, ihn zu fangen. Dann sind beide ins Gras gefallen und herumgekugelt.

Das war lustig, nicht wahr? – Das mit den Zeiten musst du noch lernen.

Ja, es ist Zeit, du hast Recht. Ich muss jetzt wieder wachsen.

Dann viel Erfolg. Bis morgen, mein Kleines.

Bis morgen, meine Omi.

4. Juni

Hallo, mein Spatzenkind.

gähn ich bin heute sooo müde.

Heute ist ein Regentag, da schlafen Kinder meistens gut.

Kann sein, ich würde ja gerne schlafen, aber hier ist es so laut.

Was ist denn los?

Ich weiß nicht, Klara brüllt, Julian brüllt …

Und Mama?

Hat geschimpft, glaube ich.

Was hat sie denn gesagt?

Wenn jetzt nicht Ruhe ist, dann …

Was denn dann?

Das weiß ich doch nicht, denn Klara und Julian waren ganz schnell still.

Dann werden wir es wohl nie erfahren.

gähn

Möchtest du nun schlafen? Weil es ja jetzt ruhig ist.

Ich weiß nicht …

Wollen wir etwas spielen?

Ich weiß nicht …

Soll ich dir eine Geschichte erzählen?

Bloß nicht, Oma!

Was ist denn daran so schlimm?

Damit fing ja die ganze Brüllerei an. Mama wollte eine Geschichte vorlesen und Julian wollte eine Feuerwehrmann-Geschichte und Klara eine Tiergeschichte.

Oh weh, ich verstehe.

Also lieber keine Geschichte.

Ich würde aber nicht brüllen.

Ich ja auch nicht.

Und wenn du mir eine Geschichte erzählst?

Ja, mach ich. Also … da war ein Elefant, auf dem ritt ein Feuerwehrmann.

Mit Schlauch?

Natürlich.

Und Uniform?

Klar.

Der Elefant lief zum Kindergarten.

Das war aber ein Aufsehen, oder?

Sicher. Was ist denn Aufsehen?

Rummel, Remmidemmi.

Brüllerei?

So ähnlich.

Will ich nicht. Dann ist meine Geschichte zu Ende.

Eine schöne Geschichte, mein Kleines.

Finde ich auch *gähn* ich bin jetzt müde geworden. Echt anstrengend, eine Geschichte zu erzählen.

Dann schlaf mal schön. Bis morgen,

Bis morgen, Oma.

5. Juni

Oma, ich glaube, ich habe Angst. Was ist Angst?

Angst hat man bei einer Bedrohung. Was bedroht dich denn?

Mama sagt, es donnert und es regnet wohl heftig.

Das ist nur ein Gewitter. Hier donnert und blitzt es gerade. Wenn ihr schön im Haus bleibt, wird euch nichts passieren.

Ich habe aber Angst – und Klara und Julian auch.

Das glaube ich. Dann kuschelt euch eng an die Mama.

Mensch Oma, das mache ich doch schon die ganze Zeit. Ich kann doch gar nicht anders. Aber Klara und Julian können das nicht, weil ... wir nämlich gar nicht zuhause sind.

Wo seid ihr denn?

Heiabettchen kaufen, zwei Stück, für mich.

Hm, Mama erzählte mir, dass zwei Betten gekauft werden, aber große für Klara und Julian.

Und ich? Ich gehe mal wieder leer aus.

Darüber haben wir doch schon gesprochen, mein Kleines.

Hab ich vergessen ... bin sauer.

Ihr seid also in einem Möbelhaus und draußen gewittert es? Nicht schön.

Wo bist du denn, Oma?

Zuhause, an meinem Schreibtisch, wie immer. Draußen kommt die Sonne durch, das Gewitter ist vorbei.

Ich hab auch keine Angst und nun auch keine Zeit mehr, wir gehen jetzt Pizza essen … oder Eis … oder Pommes … ich weiß gerade nicht.

Ist ja egal. Lasst es euch gut gehen.

Typisch, meinst du, ich kriege Pizza? Garantiert nicht.

Ich glaube, die würdest du leichterhand gegen ein Milchfläschchen tauschen wollen.

grummel

Oh, wirklich kein gutes Wetter heute … wird hoffentlich morgen besser.

Ich hoffe auch, bis morgen, Oma.

Bis morgen, Spatzenkind.

6. Juni

Heute ist der 6.6.

Wenn man um 6.06 Uhr im Murmelbachtal am bunten Stein steht, dann dreht der sich und man kann sich etwas wünschen.

Uiii, Oma, das ist ja toll. Gehst du heute dahin?

Ich war da, aber um 17 Uhr am Nachmittag. Der bunte Stein stand ganz still da.

Hast du dir trotzdem etwas gewünscht?

Ja, ich habe mir gewünscht, dass du gesund und munter zur Welt kommst, ein süßes Baby bist und wir beide uns gut verstehen werden.

Ich bin ein süßes Baby, Oma, und wir beide verstehen uns gut. Das brauchst du dir doch nicht zu wünschen.

Da hast du Recht, aber sicher ist sicher.

Hättest du dir mal lieber ein Bettchen für mich gewünscht.

Fürchtest du immer noch, dass du auf dem Boden schlafen musst?

Auf dem Boden? Oh nein ...

Das war ein Witz, Spatzenkind.

Erschreck mich nicht so, Oma. Spielen wir lieber was, ja?

Gerne, was denn?

Vielleicht ‚schlafen‘?

Schlafen sollen wir spielen? Das wird aber ein ganz ruhiges Spiel.

Das soll es ja auch sein. Mama will heute ihre Ruhe haben, hat sie gesagt.

Okay. Fang an.

schlaf

wieder-aufwach

Oh nein, ich habe ja gar kein Bettchen!

Du brauchst doch auch noch gar kein Bettchen, bist doch im Bauch deiner Mama.

Ich_will_aber_ein_Bettchen_haben!

Heißt das Spiel: Ich will aber ein Bettchen haben – oder ‚schlafen‘?

Schlafen, Oma.

Also bitte. Fang noch einmal an.

schlaf

Und jetzt du, Oma.

schlaf

schlaf

schlaf

rrrrrrrr

(Und wie der geneigte Leser sich denken kann, ist die Geschichte an dieser Stelle zu Ende, denn weder die Oma noch das Spatzenkind wachten wieder auf.)

7. Juni

Herzlichen Glückwunsch, Oma!

Vielen Dank! Woher weißt du denn, dass Opa und ich heute Hochzeitstag haben?

Von Mama natürlich.

Schade, dass ihr nicht kommen könnt.

Ich wäre ja gekommen, Oma, keine Frage, aber wie soll ich das machen?

Stimmt, ohne Mama geht das nicht.

Eben, und Mama hat gesagt, es geht nicht. Weißt du denn, warum?

Ja, das ist wegen diesem Corona-Virus.

Was ist denn damit?

Dieses Virus ist hier und kann die Menschen krank machen. Das Virus geht von Mensch zu Mensch und deshalb müssen wir Abstand halten und können uns nicht sehen.

Das ist aber blöd, das will ich nicht.

Ich auch nicht, keiner will das. Aber das wird auch vorbeigehen.

Wann denn, Oma?

Spätestens im nächsten Sommer.

Das ist ja nicht mehr lang, glaube ich.

Sehe ich auch so.

Dann können wir doch bis dahin etwas spielen. Was hältst du von Virus-Jagen?

Virus-Jagen? Wie geht das denn?

Ganz einfach, wir halten unsere Hände auf und schnappen diese doofen Dinger und wer die meisten fängt, hat gewonnen. Fang du an, Oma.

fang

Oh, ich habe drei Stück! Jetzt du.

fang

Ich hab ganz viele, guck mal!

Uiii, das sind ja fast tausend Viren.

Sag ich, ja. Jetzt du wieder.

fang

fang

fang

Mensch, Oma, jetzt sind alle weg. Du hast alle gefangen. Toll!

Danke.

Dann komme ich jetzt zu dir. Sind ja keine von diesen Dingern mehr da.

Mein Kleines, wir haben nur gespielt. Das Virus ist aber kein Spiel. Wir müssen noch warten.

Dann schlafe ich jetzt und wachse dabei. Wenn ich aufwache, ist es dann vorbei?

Wenn wir es uns ganz fest wünschen ... aber ich bin skeptisch.

Ist Mama auch, das habe ich gehört.

Trotzdem kannst du schlafen. Es wird alles gut.

Gute Nacht, Oma.

Gute Nacht, mein Spatzenkind.

8. Juni

Hallo, mein Kleines. Du mischst ja ganz schön auf.

Nein, nein, das ist Julian. Der hat sein ganzes Lego auf dem Esszimmertisch ausgebreitet und Klara dann noch ihr Duplo. Was meinst du, was Mama gesagt hat?

Was hat sie denn gesagt?

Weiß ich nicht, da bin ich gerade eingeschlafen. Immer wenn Mama hin und her läuft, schlafe ich ein, da kann man nix machen. Also ich mische gar nix auf!

Doch, tust du, obwohl du noch nicht einmal geboren bist. Meinen Verlag hast du aufgemischt, denn meine Verlegerin hat wegen deinem Buch die Planung für die nächsten Jahre gemacht. Du bist noch so winzig, aber in Brandenburg haben wegen dir Leute zu tun.

rrrrr

Schläfst du etwa?

rrrrr

Oha, da läuft deine Mama sicher wieder hin und her. Da warte ich mal ein paar Minuten.

warten

warten

warten

Hm …

warten

warten

warten

Hat wohl keinen Zweck heute. Na gut, dann schreibe ich morgen weiter. Ciao, mein Spatzenkind.

9. Juni

Oma! Oma! Oma!

Jaha, bin schon daha ...

Meine Güte, wo bleibst du denn so lange? Ich habe so auf dich gewartet.

Entschuldige, bin etwas verspätet.

Hast du von Mama gehört? Ich bin 21 Mimimimimimeter groß.

Ja, 21 mm. Das ist ganz toll, mein Schatz.

Und hast du mein Bild gesehen? Ich habe extra ganz doll mit meinen Armen und Beinchen gewunken? Hast du gesehen? Hast du?

Ja, doch, ja. Du siehst wunderhübsch aus.

Oh, ich bin so froh.

Das kannst du auch sein.

Mit Mama ist alles in Ordnung.

Und mit dir.

Das ist doch klar.

Ich bin gespannt, was Klara und Julian sagen, wenn dein Papa und deine Mama es ihnen heute sagen.

Die wissen das längst, Oma. Die haben das gehört. Heimlich natürlich.

Echt?

Ja klar, Oma. Ich habe versucht, das der Mama zu sagen, aber irgendwie schaffe ich das nicht.

Da werden sich Papa und Mama aber wundern.

Klara hatte Angst, dass ich ihr Bettchen bekomme. Aber dann haben Papa und Mama ja das Hochbett gekauft. Und für mich keines, typisch.

Warte es ab!

Spielen wir das, Oma?

Abwarten?

Ja.

Wie soll das gehen?

Ich sage etwas und du wartest ab. Ganz einfach.

Okay.

Also, ich weiß schon, wie ich einmal heißen werde.

Und wie?

Oma, du sollst abwarten!!!

Oh, Verzeihung.

abwart

Wie lange muss ich denn abwarten?

Bis ich es dir sage natürlich.

Und wann sagst du es mir?

Abwarten, Oma. Ich glaube, du hast das Spiel nicht verstanden.

Kommt mir auch gerade so vor. Aber gut, ich bin dran.

Weißt du, was ich dir Tolles zum nullten Geburtstag schenken werde?

Nein, was denn? Nun sag schon, ich bin sooo gespannt. Was zum Spielen? Eine Rassel?

Abwarten.

Oh, wie gemein! Das ist ein doofes Spiel.

Finde ich auch.

Wer hat denn jetzt gewonnen?

Keiner, wir konnten beide nicht abwarten.

Das ist auch doof.

Stimmt. Aber nicht doof ist, dass es dir gut geht und du so schön wächst.

Das hast du Recht, Oma. Ich glaube, ich wachse jetzt noch ein bisschen.

Dann mach das. Bis morgen, mein Spatzenkind.

Bis morgen, meine Oma.

10. Juni

Oma ist das mit diesem doofen Virum jetzt vorbei?

Virus, mein Schatz, es heißt Virus. Nein, leider ist es noch nicht vorbei.

Ich würde gerne mal mit Mama zu dir kommen und Julian quengelt auch schon die ganze Zeit.

Klara nicht?

Doch, die auch. Aber ich am meisten, ich strampele ganz wild hin und her. Aber Mama merkt es gar nicht.

Weil du noch zu klein bist.

Immer bin ich zu klein …

Ich war auch immer die Kleine bei uns zuhause, ich kenne das. Mein Vater sagte immer ,Kleines' zu mir.

Hast du dich darüber geärgert?

Nein, eigentlich nicht. Ich glaube, es war mir egal. Aber ich weiß, wie es ist, das jüngste Kind zu sein.

Ich bin aber nicht das jüngste Kind, Oma.

Doch, das bist du.

Woher willst du das denn wissen?

Weil ich rechnen kann.

Was ist rechnen?

Zählen zum Beispiel.

Au ja, spielen wir das? Ich zähle.

Okay.

Bla, bla, bla ...

Was zählst du denn da?

Meine Hände, Oma.

Und da kommst du auf ‚bla, bla, bla'? Also auf drei?

Ja.

Uiii, da stimmt etwas nicht. Entweder zählst du nicht richtig, oder du hast drei Hände.

Ich weiß das nicht. Zähle du doch mal.

Ja gut, eins, zwei, drei ...

Siehst du, du hast auch drei Hände, so wie ich.

Spatzenkind, wenn ich drei Hände hätte, dann könnte ich gleichzeitig Keyboard und Gitarre spielen.

Versuch es doch mal.

Ich habe aber keine drei Hände.

Dann zählst du falsch. Das solltest du mal üben.

Meinst du?

Ja! Ich will keine dumme Oma haben.

Na gut, dann übe ich zählen. Das schaffe ich bis morgen.

Und ich wachse jetzt mal wieder. Bis morgen, Oma.

Bis morgen, Spatzenkind.

11. Juni

Hallo, mein Spatzenkind. Wie geht es dir heute?

Hallo, meine Oma. Na bestens. Mama ist es wieder schlecht und wir liegen ruhig auf der Couch. Dabei kann ich prima wachsen.

Und deine Geschwister? Sind sie nicht wieder sehr laut?

Nein, Papa hat sie mitgenommen. Ich glaube, er bringt sie in die Berge.

In die Berge?

Ja, dort sollen sie dann bleiben und ich bleibe mit Mama und Papa alleine.

Na, wenn das mal stimmt. Das klingt ja wie bei Hänsel und Gretel.

Was ist das denn?

Ein Märchen. Zum Schluss musste die Hexe braten und Hänsel und Gretel konnten fliehen.

Wollen wir das spielen, Oma?

Ja, gut. Du bist Hänsel und ich bin Gretel. Ich fange an:

knusper

Was ist denn knuspern?

Knabbern, naschen.

Ach, das kenne ich. Klara hat heute vom Kuchen genascht, den Mama gebacken hat. Das ist aber gar nicht gut.

Das war bei Hänsel und Gretel auch nicht gut. Denn dann rief die Hexe: „Knusper, knusper, knäuschen, wer knuspert an meinem Häuschen?"

Ich, Oma, ich!

Psst, die Hexe sieht dich und dann will sie dich braten.

Oh nein!

Wir müssen die Hexe jetzt fangen.

fang

fang

Und ab mit ihr den Backofen. Hilf mit!

schieb

schieb

Siehst du, schon brät sie und du bist gerettet.

Mensch, Oma, das war aber aufregend.

Finde ich auch.

Ich glaube, ich verschwinde jetzt wieder in Mamas Bauch und wachse ein wenig.

Mach das und viel Erfolg dabei. Bis morgen.

12. Juni

Hallo, mein Schatz. Was hast du denn heute gemacht? Bist du gewachsen? Hast du mit deinen Fingerchen gespielt?

Nö, Oma, ich habe ein Auto gekauft.

Wer, du?

Natürlich ich!

Wie hast du das denn gemacht?

Ich bitte dich, woher soll ich das denn wissen? Ich weiß nur, dass ich mit Mama und Papa in einem Kinderladen war.

In einem Kinderladen? Gab es da Kinder zu kaufen?

Kann schon sein.

Ich glaube, du verwechselst da etwas. Was für ein Auto hast du denn gekauft?

Ein Auto eben, sind doch alle gleich, oder?

Nein. Welche Farbe hat es denn?

Moment, ich schaue mal eben nach.

wart

Du willst aber viel wissen, Oma. Bist du immer so neugierig?

Eigentlich nicht, nur wenn mir Ungeborene sagen, dass sie ein Auto gekauft hätten.

Also, mein neues Auto hat die Farbe, die Farbe ...

Ja?

heul

Ich weiß doch gar nicht, was eine Farbe ist.

Dachte ich mir doch. Dabei haben wir das schon gespielt. Wollen wir Auto kaufen spielen?

Au ja! Ich fang an: Ich möchte ein Auto haben.

Gerne, soll es ein großes sein?

Natürlich.

Welche Farbe soll es denn haben? Vielleicht blau?

Natürlich.

Mit 90 PS?

Natürlich.

Automatik?

Natürlich.

Ich glaube, du hast auch auf Automatik geschaltet.

Natürlich.

Hallo?

huch was ist denn, Oma?

Hast du etwa im Schlaf gesprochen?

Kann sein.

Also, du hast gerade ein Auto gekauft.

Wer, ich?

Ja, du. Im Schlaf.

Wie schön. Das Auto gebe ich Mama oder dem Papa. Oder Julian? Oder doch lieber Klara ...

Die werden sich freuen.

Ich bin ein liebes Spatzenkind …

Ein goldiges, ja.

Die werden staunen …

Genau wie ich.

Ein schönes Spiel war das.

Du hast es verpennt, mein Goldschatz.

Ging doch nicht anders, Oma, ich muss noch so viel wachsen.

Da hast du auch wieder Recht. Dann wachse mal schön weiter.

Bis morgen, Oma.

13. Juni

Ich habe Angst *bibber*

Mein Schatz, brauchst du aber nicht.

Und ich will nicht hier sein, ich will wieder nach Hause. Kannst du bitte kommen?

Leider nicht, wegen Corona, weißt du.

Ja, ich weiß. Aber ich bin hier mit Mama ganz alleine. Das geht doch nicht.

heul

Ihr seid nicht allein im Krankenhaus. Ihr seid ja gerade dort, damit immer jemand da ist, weil es Mama nicht gut geht.

Ich will das aber nicht.

Ich auch nicht, das will keiner.

Was kann man da machen?

Das wissen die Ärzte. Bleib nur ganz ruhig, es wird schon alles gut gehen.

Bist du sicher, Oma?

Ja! Wollen wir was spielen?

Was denn, Oma?

Hm, vielleicht, wer die meiste Angst hat?

*Oh ja, ich fang an: *bibber* *schlotter* bibber**
zitter *zatter*

Was ist denn ‚zatter‘? Wie geht das, Oma?

Ganz feste die Arme schütteln.

*Oh, das kann ich! *schüttel**

Und jetzt die Beinchen.

Beinchen-schüttel

Und jetzt das Bäuchlein.

Bäuchlein-schüttel

Das macht Spaß. Aber wer hat jetzt gewonnen?

Na, du natürlich. Ich kann meinen Bauch nicht so wunderbar schütteln wie du.

Hurra! Oh, ich wecke Mama auf. Das geht nicht und ich muss auch noch wachsen.

Dann bis morgen, mein Kleines.

Bis morgen, Oma.

14. Juni

Hallo, mein Spatzenkind. Ist es schön, wieder zuhause zu sein?

Und wie, Oma! Ich bin richtig froh und spiele den ganzen Tag mit Julian und Klara.

Wie machst du das denn?

Wir hocken alle auf der Couch und Mama liest vor. Das ist sooo schön. Leider schlafe ich immer ein. Ich höre Mamas Stimme so gern.

Das glaube ich dir. Es regnet, heute ist der perfekte Couch-Tag.

Wir haben auch Kuchen gebacken, aber Mama war schlecht und so haben wir keinen gegessen.

Vielleicht esst ihr später noch ein Stück.

Wollen wir etwas spielen, Oma?

Ja, gern. Schlag etwas vor.

Dann spielen wir doch Bilderbuch. Fang du an.

Bilderbuch? Wie kann man das denn spielen? Aber gut, ich versuche es.

Ich habe hier ein Buch mit vielen Bildern von einem Feuerwehrwagen.

Kenn ich! Es heißt: Feuerwehrmann Joe.

Richtig. Jetzt bist du dran.

Also Oma, ich habe hier Bilderbuch mit vielen Bildern von einem Trinchen.

Trinchen? Wer soll das sein?

Das ist doch das Spiel, Oma.

Ahja, also Trinchen ist ein kleines Gänseblümchen und blüht auf einer großen Wiese. Es ist sehr traurig, weil um es herum nur Butterblumen stehen. Es weint ein paar Gänseblümchentränen, als ein Gärtner kommt. Er tröstet die kleine Blume und erklärt ihr, dass sie etwas ganz Besonderes sei und nur tüchtig blühen soll. Und richtig, eine große Hummel fliegt auf ihren Blütenkelch, sammelt Nektar, bedankt sich sehr freundlich und lässt etwas Goldstaub auf das Gänseblümchen regnen. Es war nämlich eine Zauber-Hummel. Da stand nun das kleine Gänseblümchen, voll mit feinstem Goldstaub und strahlte und funkelte in der Abendsonne ... und war gar nicht mehr traurig.

Spatzenkind? War das so richtig?

rrrrr

Na, dann schlaf mal schön. Beim Vorlesen wachbleiben lernen wir später. Bis morgen, mein süßes Spatzenkind.

15. Juni

Herzlichen Glückwunsch zum Geburtstag, Oma.

Vielen Dank, aber mein Geburtstag ist schon zwei Monate her.

Nein, nein, der ist heute, das weiß ich genau.

Da weißt du mehr als ich.

Mama hat das gesagt und wir haben Kuchen gegessen. Leider war der schlecht.

Deine Mama hat mit Sicherheit gesagt, dass dein Papa heute Geburtstag hat. Das hat er nämlich – und mit Sicherheit war nicht der Kuchen schlecht, sondern bestimmt sehr lecker. Der Mama war heute besonders schlecht, das hat sie mir heute Morgen geschrieben.

Da wirfst du etwas durcheinander, Oma.

Nein, du, Spatzenkind.

Nein du, Oma.

Aber Spatzenkind!

Aber Oma!

Frag doch Oma Mia, ob dein Papa heute Geburtstag hat.

Woher will die das denn wissen?

Vielleicht, weil dein Papa ihr Kind ist?

Ist er das?

Ja.

Woher willst du das denn wissen?

Sag mal, bist du heute in Krawall-Stimmung?

Woher willst du das denn wissen?

Ich frag ja nur …

Darf man als Ungeborenes nicht mal schlechte Laune haben?

Moment, ich gehe nur mal kurz in Deckung: Ja, darf man.

Oma, wo bist du denn? Hast du dich versteckt?

Ja.

Au ja, Verstecken spielen. Ich suche dich jetzt.

such

such

such

Wo ist nur meine Oma?

piep

Ich hab dich!

Jetzt bist du dran.

Ach, du findest mich ja doch.

Immer noch schlechte Laune?

Ja. Ich glaube, Mama war es heute einfach zu schlecht und dann ist mir auch so schlecht.

Vielleicht solltet ihr schlafen gehen.

Das machen wir auch gerade. Gute Nacht, Oma.

Gute Nacht, Spatzenkind.

16. Juni

Hallo, mein Spatzenkind. Na, was machst du so?

Ich arbeite mit Mama zusammen, das ist vielleicht anstrengend …

Glaub ich, aber was genau arbeitest du dabei?

Ich lege den Hörer auf, wenn Mama telefoniert hat.

Glaub ich nicht.

Wieso nicht?

Weil es heute gar keine Telefon mehr mit Hörer gibt.

Jetzt echt nicht?

Nein.

Oha. Was habe ich dann aufgelegt?

Vielleicht dich selber? Vielleicht bist du heute gut aufgelegt?

Bin ich denn ein Telefonhörer?

Nein, ein klitzekleines Ungeborenes.

*Warte mal, ich versuche, mich selber aufzulegen: *aufleg**

Jetzt bist du dran, Oma.

Ist das unser neues Spiel?

Klar doch.

Also gut: *auch-aufleg*

*aufleg**

aufleg

Gibt es jetzt einen Gewinner?

Ich glaube nicht.

Du glaubst heute mal und mal nicht, Oma.

Ach, das glaube ich nicht …

Doch, doch ... ich glaube, du hast gewonnen.

Und ich glaube, dass du gewonnen hast.

Oder wir beide?

Glaubst du das?

Ich glaube schon.

Na dann ...

Na dann, Oma, ich wachse jetzt noch ein bisschen, okay?

Okay! Bis morgen, mein Kleines.

Bis morgen.

17. Juni

Oma, ist das wieder so ein Gewetter? Ich habe Angst.

Ja, mein Spatzenkind, wir haben gerade ein Gewitter. Das heißt also Gewitter und nicht Gewetter.

Woher willst du ...

... das denn wissen? Vielleicht, weil ich eine Oma und alt bin?

Mama weiß aber auch viel.

Ja, klar.

Und Julian auch.

Na ja.

Und Klara erst ...

Ist ja gut, ihr seid keine dumme Familie, das ist klar.

Aber ich weiß nichts.

Du weißt aber schon, wie man mit Armen und Beinen strampelt.

Das stimmt.

Und wie man herumschwimmt.

Das auch.

Und wie man mit der Oma spricht.

Weiß ich das, oder machst du das?

Ganz ehrlich?

Ja, bitte.

Das ist ein Geheimnis.

Au ja, ich liebe Geheimnisse. Julian hat auch eins.

Was denn für eins?

Er hat einen Becher Pudding unter seinem Bett versteckt. Den will er heute Abend essen, nachdem Mama ihn zu Bett gebracht hat.

Das ist ja einer.

Er mag nun mal sehr gerne Pudding. Was ist das denn?

Eine süße Milchspeise. Bekommst du später auch mal.

Magst du Pudding, Oma?

Nö.

Ich aber.

Das glaube ich. Ich werde dir später einen leckeren Pudding kochen, okay?

Ich freue mich schon.

Du darfst mir dann dabei helfen. Rühren und so.

Das darf Klara auch, wenn Mama Pudding kocht.

Ich weiß, und sie macht das sehr gut.

Ich auch!

Ja, du auch.

Dann übe ich jetzt mal rühren.

Nicht wachsen?

Nein, heute nicht. Will ja bald Pudding haben.

Dann viel Spaß. Bis morgen.

*Bis morgen *wink**

18. Juni

Spatzenkind, wo bist du denn?

_ _ _

Was ist denn? Wo bleibst du?

_ _ _

Oma, ich habe heute keine Lust.

Wozu hast du keine Lust? Dich mit mir zu unterhalten?

Ich weiß nicht. Ich weiß doch gar nicht, was das bedeutet. Aber Julian hatte heute keine Lust und dann will ich auch keine haben.

Wie kommst du denn darauf und wozu hatte Julian heute keine Lust?

Julian hatte heute keine Lust, in den Kindergarten zu gehen. Da sagte Klara, sie hätte auch keine Lust und da kann ich doch auch keine Lust haben.

Du meinst, Geschwister sollten zusammenhalten?

Kann sein. Was ist denn ein Kindergarten? Wachsen da Kinder?

Ja, so ähnlich. Dort kommen Kinder zusammen und spielen und wachsen gemeinsam auf.

Das klingt doch schön. Da will ich auch hin.

Das glaube ich dir, aber Julian will auch manchmal alleine zuhause spielen.

Hm, ich spiele ja auch immer alleine zuhause.

Stimmt.

Aber dann kommst du und wir spielen zusammen.

Stimmt auch wieder.

Was ist denn jetzt besser?

Beides ist gut, ganz wie man mag.

Was magst du denn, Oma?

Ich bin eher jemand, der gerne alleine zuhause ist. Und du?

Das weiß ich doch noch nicht *heul*

Oh, bitte nicht weinen.

Warum nicht?

Weil ich dich so schlecht in den Arm nehmen und dir die Nase putzen kann.

Na gut, dann höre ich auf.

Danke schön. Ich denke, Klara und Julian gehen morgen wieder in den Kindergarten.

Ich gehe morgen auch in den Kindergarten.

Nein, du bist nur kurz da, wenn du mit Mama zusammen die beiden abholst.

Dann muss ich aber zuhause wachsen.

Mach das doch.

Mache ich jetzt auch, Oma.

Dann bis morgen, mein Spatzenkind.

Bis morgen, Oma.

19. Juli

Hallo mein Spatzenkind, was spielen wir heute Abend?

Hallo, Oma. Wie wäre es mit schwimmen? Wer am schnellsten hin und herschwimmen kann, hat gewonnen.

Da gewinnst du bestimmt.

Kannst du nicht schwimmen?

Doch, natürlich.

Dann schwimmen wir doch mal los. Ich zähle bis zehn: acht, blau, gelb, Pudding und los!

schwimm

schwimm

schwimm

schwimm

Ich habe gewonnen!

Ich auch! Spielen wir jetzt, wer am höchsten springen kann? Ich fang an:

hochspring

etwas-hochspring

noch-höherspring

spring-und-umfall

Oma, hast du dir wehgetan?

Nein, geht schon.

Ich helfe dir mal auf.

Danke.

Musst auch nicht so hoch springen.

Sollte ich doch.

Eigentlich meinte ich mich.

Hast du aber nicht gesagt.

'tschuldigung.

Schon gut. Wir sollten lieber Rätsel raten, denke ich. Ist nicht so gefährlich.

Ja, gut. Aber ich bin müde geworden.

Ich auch. Dann spielen wir morgen weiter.

Tschüss, Oma, bis morgen.

Bis morgen, mein Kleines.

20. Juni

Oma, Oma, so hör doch!

Was ist den los, mein Spatzenkind?

Mama und Papa haben für mich einen Wagen gekauft, einen Kinderwagen.

Ach, wirklich?

Ja, und da ist ein Baum drin, der gefällt Julian gar nicht.

Ein Kinderwagen mit einem Baum drin? Spatzen-kind, ich weiß, was geschehen ist: Papa und Mama haben ein neues Auto gekauft, keinen Kinderwagen. In diesem Auto hängt ein Duftbaum und Julian mag diesen Duft nicht.

Nein, wirklich, Oma, es ist ein Kinderwagen für mich, glaub es mir.

Du, mein Kleines, ich habe ein Bild von diesem Wagen gesehen und nun sage mir, welcher Kinder-wagen hat sieben Sitze?

Na, meiner, Oma.

In deinen Kinderwagen passen also sieben Leute?

Natürlich! Du und Opa, ihr könnt auch mitfahren.

Mein Spatzenkind, du verwechselst da etwas. Wo wart ihr denn gestern? Na?

Keine Ahnung, ich habe geschlafen. Es hat so schön geschaukelt und du weißt doch …

Ja, ich weiß und ihr habt ein neues, großes Auto bekommen.

Wenn du meinst, Oma …

Ich meine.

Ein Bettchen habe ich auch noch nicht …

Mach dir mal keine Sorgen, zur Not kannst du in meinem schlafen.

Das ist aber nett von dir, Oma.

Kein Problem.

Dann darfst du auch mit in dem neuen Auto fahren.

Muss ich?

Ja!

Warum denn?

heul du stellst heute so komische Fragen.

Und du erzählst heute so komische Geschichten.

Haben wir jetzt Streit, Oma?

Aber nicht doch.

Weißt du, ich bin nämlich fix und fertig.

Warum das denn?

Weiß ich nicht, hat Mama gesagt.

Dann ist Mama heute Abend sehr müde.

Ja, und ich auch *gähn*

Ich auch *gähn* gehen wir schlafen.

Gut Oma, bis morgen.

Bis morgen, schlaf schön.

21. Juni

Oh, ist das heute schwül …

Was ist denn schwül, Oma?

Das ist eine feuchte Wärme, bei der man klitschnass wird.

Das ist doch toll. Ich bin immer klitschnass.

Ich weiß, du schwimmst im Fruchtwasser.

Und hier ist es total warm, also warm und feucht. Ich finde das wunderbar und möchte es nie anders haben.

Nun ja, wenn du auf der Welt bist, lebst du im Trockenen. Es sei denn, du bist in der Badewanne.

Au ja, Badewanne ist toll. Gerade baden Klara und Julian. Die sind vielleicht dreckig! Mama sagt, sowas hätte sie noch nie gesehen. Dabei waren die bloß im Sandkasten. Komisch, nicht wahr?

Gar nicht komisch, kenne ich. Was meinst du, wie dreckig deine Mama als Kind war. Ich habe sie einmal mitsamt ihrer Kleidung in die Wanne gesteckt und diese wäre fast verstopft, soviel Sand war an dem kleinen Mädchen.

Also ich werde mal ganz sauber sein.

Wer's glaubt ...

Warst du schon einmal im Sandkasten, Oma?

Als Kind habe ich mir da nicht viel draus gemacht. Ich bin lieber Rollschuh gefahren.

Hast du noch welche?

Ja, du würdest gerade hineinpassen.

Dann steck mich da doch rein, wenn wir dich besuchen.

Erst wenn du geboren bist, dann machen wir das mal. Ich kann dich aber auch im Wäschekorb hin und herfahren, mit einem Rollbrett darunter. Das habe bei Julian oft gemacht, als er noch kleiner war. Ein Kissen rein und ab ging die Fahrt.

Prima, ich freue mich darauf. Und ich fahre dich dann auch.

Das möchte ich sehen.

Ich auch, Oma.

Wir werden sicher schön spielen. Spielen wir jetzt noch was?

Keine Zeit, Oma. Papa holt Pizza!

Ah so, dann guten Appetit. Bis morgen, mein Schätzchen.

Bis morgen, Oma.

22. Juni

Oma, wir Kinder sind heute alle untersucht worden. Wir waren beim Kinderarzt.

Du bist auch untersucht worden?

Natürlich. Es war so eine U- oder O-Untersuchung.

Eine Vorsorgeuntersuchung für Kinder, das stimmt, aber nur für Klara und Julian. Du bist ja noch gar nicht geboren.

Aber ich möchte doch auch untersucht werden.

Wirst du ja auch, und zwar mit Mama zusammen.

Auch meine Augen? Und meine Ohren?

Nein, die kommen später erst dran.

Siehst du ...

Ungeborene kann man darauf nicht testen.

Wie doof ... ich möchte doch, dass Mama stolz auf mich ist.

Das ist sie doch schon.

Ich kann aber noch nicht auf einem Bein hüpfen, einen Pfannkuchen malen und so. Und die Farben kenne ich auch noch nicht.

Das geht ja alles noch nicht, du musst Geduld haben.

Hab ich aber nicht. Ich übe jetzt mal, auf einem Bein zu hüpfen.

In der Schwerelosigkeit? Unter Wasser kann man nicht stehen und nicht hüpfen.

Woher willst du das denn wissen?

Weil ich schon einmal im Wasser war?

Wann und wo?

In der Badeanstalt zum Beispiel, gar nicht so lange her.

Ich versuche es trotzdem: *auf-einem-Beinchen-steh*. Siehst du, Oma, wie gut ich das kann?

Ich sehe nix.

Nun guck doch! *hüpf*

Wenn ich auf einem Bein stehe, kannst du das sehen?

Natürlich.

Und wie machst du das?

In diesem Buch ist alles möglich.

Das stimmt allerdings *auf-einem-Bein-steh*

Toll, Oma.

hüpf

Prima, Oma.

Und jetzt spielen wir, dass wir beide auf einem Bein hüpfen.

Und wer zuerst umfällt hat verloren.

hüpf

hüpf

hüpf

hüpf

Also, ich falle nicht um.

Ich auch nicht.

Und so hüpften Oma und Spatzenkind immer weiter fort und wenn sie nicht umgefallen sind, dann hüpfen sie noch heute …

23. Juni

Oma, heute war was los bei uns …

Mein Spatzenkind, was denn?

Julian hat sich den Finger geklemmt!

Du liebe Güte, musstet ihr zum Arzt?

Nein, er hat ein Pflaster bekommen und ein paar Gummibärchen. Was sind Gummibärchen?

Eine Süßigkeit, die Kinder gerne mögen.

Ich bin ein Kind, Oma!

Ja, und was willst du mir damit sagen?

Ich will Gummibärchen haben!

Nun mal langsam, versuch es doch erst einmal mit einem Milchfläschchen, wenn du geboren bist.

Bekommt Julian Milchfläschchen?

Nein, natürlich nicht.

Und warum ich dann?

seufz

Weil ich klein bin?

Ja, genau.

Das will ich aber nicht.

Sag mal, bist du schon im Trotzalter?

Natürlich! Was ist das denn?

So etwa:

wäh

brüll-und-schrei

ich-will-aber-nicht

auf-den-Boden-werf

Uiii, dann ist Mama im Trotzalter.

Deine Mama??? Hat sie sich auf den Boden geworfen?

Ja, hat sie.

Wie ...?

Nun, Klara hat ihre Kakaotasse umgeworfen. Der ganze Boden war dreckig und hat geklebt.

Ich verstehe, da ist Mama auf die Knie gegangen, hat den Boden gewischt und dabei gestöhnt. Das ist aber etwas anderes als das Trotzalter.

Ich verstehe nicht ...

Musst du auch nicht, warte einfach ab.

Ich glaube, dann wachse ich mal ein bisschen, dann geht das schneller.

Mach das, Spatzenkind. Bis morgen.

Bis morgen, meine Oma.

24. Juni

Hach, Oma, mir geht es gut.

Das freut mich, mein Schatz.

Bin mit Mama im Garten, Klara und Julian spielen, ich trinke Kaffee.

Du? Trinkst? Kaffee?

Nun ja, ich glaube es. Es blubbert so komisch um mich herum.

Deine Mama trinkt bestimmt keinen Kaffee, oder wenn, dann nur einen ohne Koffein.

Ohne? Nein, nein, da ist schon ordentlich etwas drin, glaub es mir. Mein Wasser schmeckt sehr lecker.

Dann hat deine Mama Zucker im Kaffee oder im Tee oder so. Vielleicht trinkt sie Limonade? Weil es so blubbert.

Ich weiß das doch nicht. Auf jeden Fall klebt es, denn Julian hat damit geschlabbert und nun klebt er, sagt Mama.

Dann geht ihr jetzt sicher rein und ab in die Badewanne.

Komisch, Oma, genau das hat Papa gerade gesagt. Woher wusstest du das?

Lebenserfahrung.

Hast du schon mal geschlabbert?

Und wie! Und Opa erst. Der hat mal als Junge Marmelade gekleckert. Blöderweise auf seine Füße und die dann nicht gewaschen.

Uiii, das darf man aber doch nicht. Selbst ich muss jeden Abend meine Füßchen waschen.

Ach wirklich? Nun, Opa legte sich mit den Marmeladen-Füßen ins Bett. Nun war das Bett in einem Camping-Zelt und draußen waren Mücken. Papa muss am nächsten Tag ganz schrecklich ausgesehen haben.

Hast du das gesehen, Oma?

Nein, da kannten wir uns doch noch gar nicht.

Aber mich kennst du, nicht wahr?

Natürlich, du bist doch mein Enkelkind.

Und Klara und Julian?

Sind auch meine Enkelkinder.

Meine Güte, dann hast du ja schon zehn Enkelkinder.

Nicht ganz, aber fast, fehlen nur noch sieben.

Genauso viele Fingerchen hab ich, sieben Stück.

Hoffentlich nicht. Warten wir es mal ab. Wachs doch einfach noch ein bisschen und dann schlaf schön.

Wollte ich gerade machen. Zum Glück habe ich schon saubere Füße.

Wie sollten die auch dreckig werden ... bis morgen, Spatzenkind.

Bis morgen, Oma.

25. Juni

Oma, wo bist du?

Hier, mein Spatzenkind.

Ach, Oma, ich würde so gerne einfach wachsen und schlafen, aber hier ist es so unruhig.

Ja, ich weiß, hat Mama mir geschrieben. Klara hat Durchfall und Julian mochte nicht alleine in den Kindergarten.

Ich wollte mit Mama Autofahren, jetzt geht das nicht.

Genau, mit Durchfall kann man nicht aus dem Haus. Ihr wolltet heute das neue Auto anmelden.

Ja, meinen Kinderwagen.

Nein, euer Familienauto.

Sag ich doch.

Ach ... nun, ihr könnt ja in den Garten gehen, das Wetter ist ja super.

Machen wir ja auch. Irgendwie bin ich so müde.

Das macht die Gewitterluft.

Uiii, da hab ich ja Angst.

Verschieb die Angst, die Gewitter kommen erst morgen, es deutet sich nur schon an.

Mach ich, Oma. Was machst du denn heute?

An meinem neuen Buch schreiben.

Wie heißt das denn?

Spatzenkind.

Das bin ich ja!

Richtig.

Das ist aber nett von dir, Oma.

Jedes Enkelkind bekommt ein Buch von mir.

Alle zehn?

Alle drei. Hoffentlich kommst du bald in die Schule und lernst zählen.

Nächstes Jahr, Oma, ich gehe einfach mit meinem großen Bruder mit.

Das fällt gar nicht auf, haha.

Spielen wir Schule, Oma?

Gerne. Ich bin die Lehrerin. Also, Kinder, dann zeigt mal eure Hausaufgaben. Spatzenkind, du zuerst.

Hier bitte, Frau Lehrerin.

Oh, schön gemacht, Spatzenkind. Alles richtig gerechnet und alles schön geschrieben. Du bekommst eine Eins.

Jetzt bin ich die Lehrerin. Kind Oma, zeig deine Hausaufgaben.

Hier bitte, Frau Lehrerin.

Oh, du hast falsch gerechnet, ich habe sieben Fingerchen und du hast zehn Enkelkinder.

Das wüsste ich aber …

Alles falsch, du bekommst eine Null.

Bleibe ich jetzt sitzen?

Nein, du darfst aufstehen und spielen.

klingeling die Schule ist aus.

Bis morgen, Oma.

Bis morgen, Spatzenkind.

26. Juni

Na, mein Spatzenkind, wie geht es dir?

Bestens, Oma, ich bade meine Füßchen im Planschbecken. Ganz rein darf ich nicht, das dürfen nur Klara und Julian.

Ich denke mal, Mama hat ihre Füße in das Wasser gesteckt, nicht du.

Das ist doch das Gleiche, Oma.

Stimmt auch wieder. Jedenfalls ist es heute sehr heiß.

Hast du auch ein Planschbecken, Oma?

Nein.

Ja, wo soll ich denn herumplanschen, wenn ich dich mal besuche und es so heiß ist?

Vielleicht in meiner Badewanne?

Ist die denn schön groß?

Oh ja, und so gemütlich.

Hast du auch ein Quietsche-Entchen?

Nein.

Wasserspielzeug?

Nein.

Dann komme ich besser nicht.

Oh, wie schade.

Komm du doch zu mir. Das Planschbecken ist wirklich toll und Julian hat nur ganz wenig Sand hineingeworfen.

Aha.

Ja, Papa hat geschimpft.

Wegen dem Sand?

Glaub schon.

Papa meinte, jetzt müsste Julian nach dem Planschen gebadet werden. Verstehst du das?

Denke schon.

Muss ich auch gebadet werden?

Zurzeit noch nicht, später schon.

Wollen wir Baden spielen?

Gern, wie denn? Ach so, ich weiß. Ich lasse warmes Wasser in meine Badewanne laufen, gebe einen Spritzer Schaumbad hinzu und dich dann hinein.

spring

hüpf

plansch

Sand-in-die-Wanne-werf

Halt! Das darfst du nicht.

Hat Julian doch auch gemacht.

Ich will aber keinen Sand in meiner Badewanne haben.

Warum nicht?

Knirscht so zwischen den Zehen.

Dann musst du eben nach dem Baden baden, Oma.

Scheint mir auch so.

Wer hat jetzt gewonnen?

Wer am Nassesten ist.

Das bin ich. Juchhu, ich habe gewonnen.

Herzlichen Glückwunsch.

Danke, jetzt bist du dran, Oma.

Erst muss ich den Sand aus meiner Badewanne schaufeln.

Dann wachse ich in der Zeit. Bis morgen, Oma.

Bis morgen, Spatzenkind.

27. Juni

Spatzenkind, bist du heute schön gewachsen?

rrr....

Hallo?

rrr....

Schläft ... liegt wohl an der Hitze und der Gewitterluft.

Gewitterluft?

Augen-reib

Wo ist ein Gewitter?

Hier bislang noch nicht, aber es zieht sich gerade zu und es ist drückend schwül.

Ich habe doch Angst bei Gewitter. Julian schaut auch schon ganz käsig.

Und das kannst du sehen?

Nicht direkt, aber ich merke es, und Klara ist quengelig.

Das ist allerdings ein untrügliches Zeichen.

Oma, meinst du das ernst?

Nein, ich mache Spaß.

Komischer Spaß ...

Uiii, da bin ich in ein Fettnäpfchen getreten.

Nein, das ist schon im Müllereimer.

Wie?

Das Näpfchen mit der fettigen Mayonnaise, das hat Mama in den Müll geworfen.

Ah so. Ich glaube, wir reden aneinander vorbei.

Worüber redest du denn, Oma? Ich rede über Gewitter-Mayonnaise.

Merke ich gerade. Also ich rede über das Wetter.

Spielen wir Wetter?

Klar. Was bist du? Ein Gewitter?

Lieber nicht, ich spiele Sonnenschein.

strahl

vom-Himmel-lach

Super, das machst du richtig gut.

Jetzt du, Oma.

Also ich spiele ...

... bitte kein Gewitter, da habe ich doch Angst.

Okay, ich spiele Winterwetter.

schnei

kalter-Ostwind

pfeif-um-die-Ohren

Oh, Oma, das ist auch nicht schön.

Merke ich auch gerade.

Wer hat gewonnen?

Du natürlich und du bist sowieso mein Sonnenschein.

Oma, das hast du aber lieb gesagt.

Dann wachse ich jetzt noch ein bisschen.

Bis morgen, Spatzenkind.

Bis morgen, Oma.

28. Juni

Ach, mein Spatzenkind, die Zeit vergeht ja wie im Fluge ...

Was ist denn Zeit, Oma, und was ist ein Flug?

Wie kann ich jemandem, der unter Wasser lebt, erklären, was fliegen ist, was Luft ist? Das ist schwer, und was Zeit ist zu erklären, noch schwerer.

Was ist denn Luft?

Kennst du noch nicht. Das ist draußen, außerhalb deiner Welt. Wenn du geboren bist, lernst du die Luft direkt kennen, denn du wirst sie sofort einatmen.

Kann ich mir nicht vorstellen ... was ist denn nun Zeit? Und was hat sie mit der Luft zu tun?

Gar nix ... entschuldige, ich habe mich wohl blöd ausgedrückt.

Wieso drückst du dich denn aus, Oma? Bist du zu dick?

Nein, Himmel, wo sind wir gelandet?

Was ist landen? Hat das was mit dem Fliegen zu tun?

umguck

Kann mir niemand helfen?

Doch, ich, Oma. Ich helfe dir gerne. Wobei denn?

Mir wäre schon geholfen, wenn die Fragezeichen aus dieser Geschichte entfernt würden.

Mach ich doch glatt, Oma.

alle-Fragezeichen-entfern

Bitte schön.

Danke schön, mein Spatzenkind.

(nur für den Leser: Damit ist hoffentlich die Frage nach der Zeit gestorben)

Du hast sicher heute schön gespielt.

Nicht viel, eigentlich habe ich nur meine Fingerchen gezählt.

Es waren Erdbeeren.

Erdbeeren …

Ja, Julian hat Erdbeeren gegessen und er hat sie gezählt. Es waren rote.

Warum verstehe ich das jetzt nicht( ) Oh, kein Fragezeichen …

Nein, Oma, die habe ich doch alle entfernt. Sollte ich doch *heul*

Nicht weinen, du hast nichts falsch gemacht. Ich hatte nur vergessen, dass es in dieser Geschichte keine Fragen mehr gibt. Also, du hast rot Fingerchen, richtig( )

Oma! Schon wieder eine Frage! Jetzt hör aber mal auf.

Gut, ich höre auf. Ich schlage vor, du wächst jetzt mal schön und ich denke über den Gebrauch und den Sinn von Fragezeichen nach.

Eine gute Idee, Oma. Bis morgen dann.

Bis morgen.

29. Juni

Spatzenkind? Ah, es funktioniert wieder.

Oma? Klar! Was spielen wir heute?

Ich will ja nichts sagen, aber hier gewittert es.

Oh nein … das will ich nicht spielen.

Im Spiel ist ein Gewitter aber nicht schlimm, nur Mut!

Gut, wenn du es sagst – aber fang du an, ich habe Angst.

groll

Wind-pfeif

Oh nein, das ist doch zu schlimm.

Dann mach du es mal.

Meinst du? Okay, ich probiere es:

groll

donner

ganz-doll-donner

huiiiiiihuiiiii

Hach, das macht ja Spaß!

Und jetzt ich wieder:

Blitze-schleuder

blitz-blitz-blitz

Donner-ganz-laut-krach

wrummmms

knall

Sturm-peitsch

wrummmms

wrummmms

wrummmms

wrummmms gefällt dir am besten, nicht wahr?

Und wie, Oma.

Und jetzt hast du keine Angst mehr, stimmt's?

Ja, woher wusstest du das?

Oma-Weisheit.

Aha. Kennst du die Ungeborenen-Weisheit?

Nein.

Sieben Fingerchen sind besser als gar keine.

Aha.

Auch nicht schlecht, oder?

Ich bin nach wie vor für zehn Finger.

Vielleicht wachsen mir noch welche. Ich versuche es mal.

Bevor es hier zu makaber wird: mach das. Bis morgen.

Bis morgen, Oma.

30. Juni

Hallo, mein Spatzenkind.

Hallo, meine Oma. Ist ja ein doofes Wetter heute.

Na, dir kann es doch egal sein.

Ist es ja auch, aber Julian nicht. Der wollte heute mit seinem kleinen Fahrrad fahren.

Solange es nicht regnet …

Tut es aber. Obwohl ich Wasser ja nicht schlimm finde.

Klar, du schwimmst ja auch darin herum. Aber wenn man mit dem Fahrrad fährt, kann es rutschig werden.

Uiii, das soll es aber nicht.

Eben, deshalb findet Julian den Regen doof. Obwohl die Pflanzen ihn dringend brauchen.

Was sind Pflanzen, Oma?

Blumen, Bäume, Gras gehört dazu. Alles was grün ist und blüht.

Also unser Garten.

So in etwa.

Dann soll es bitte regnen, Mama ist so gerne in unserem Garten und ich natürlich auch.

Du wirst auch später viel darin spielen, und in meinem Garten.

Spielen wir heute was, Oma?

Was denn?

Garten?

Dann fang mal an.

Also, ich kann laufen und gehe durch unseren Garten. Jetzt du, Oma.

Du gehst also durch euren Garten und siehst eine Schaukel, kletterst darauf und schaukelst im Wind.

Wie schön! Dann springe ich von der Schaukel und sehe Sand.

Ja, den Sandkasten mit kleinen Schaufeln, einem Eimerchen, Figuren und einer Sandmühle. Du schaufelst Sand oben in die Mühle hinein. Sie dreht sich.

Da brummt etwas.

Eine Hummel kommt angebrummt. Du rufst Mama. Mama kommt und verscheucht sie, hebt dich aus dem Sand, bringt dich ins Haus und steckt dich in die Wanne.

Dann komme ich ins Bett.

Mama liest dir noch eine schöne Gute-Nacht-Geschichte vor.

Falsch, das macht Papa immer, glaub ich.

Stimmt. Also Papa liest dir eine schöne Gute-Nacht-Geschichte vor. Dir fallen die Augen dabei zu.

Und ich schlafe ein. Darf ich am Daumen lutschen?

Klar doch.

Ein schönes Spiel, Oma. Es hat mich richtig müde gemacht.

Dann schlaf mal, mein Spatzenkind. Bis morgen.

Bis morgen, Oma.

1. Juli

Meine Güte, bin ich schon groß!

Ja, genau 5,8 cm misst du.

Hoffentlich ist mein Kinderwagen groß genug für mich.

Du meinst euer neues Auto? Da passt du bestimmt rein.

Und ich kann schon richtig springen. Als Mama *Sprung* sagte, bin ich gesprungen.

Ich weiß, das war heute beim Ultraschall. Und du hast dich mit den Beinchen vom Rand abgestoßen. Du bist ja richtig mobil.

Was ist mobil?

Beweglich sein.

Jaaa, das bin ich!

Das war deine Mama damals auch, als sie unterwegs war. Ich dachte schon, das wird mal ein Fußballspieler und dann war deine Mama ein ganz ruhiges Kind.

Das bin ich bestimmt auch.

Dann wirst du schlafen, während Julian und Klara herumtoben. Die sind nämlich auch jetzt noch sehr mobil.

Ich nicht. Glaube ich.

Wir werden sehen.

Bist du mobil, Oma?

Ich bin ein ganz ruhiger Mensch und war auch ein ganz ruhiges, verträumtes Kind.

Und mein Papa?

War wohl ein Wildfang.

Ich überlege noch, wie ich mal sein werde.

Mach das.

Oma, ich bin so müde. Es war sehr anstrengend, ein Filmstar zu sein.

Du meinst sicher wieder die Ultraschall-Aufnahmen?

Ja.

Glaube ich dir, von mir sind gestern auch Aufnahmen gemacht worden.

Wie bei mir?

Nein, mit dem Handy von Opa für meine Verlegerin.

Das ist doch dasselbe!

Meinst du?

*Ja *gähn**

Ich glaube, du solltest mal eine Mütze Schlaf nehmen nach dem anstrengenden Vormittag.

gäääääääääähn

Bis morgen, Spatzenkind.

Oh, schläft schon.

2. Juli

Omi, Omi, es ist etwas passiert!

Um Himmels willen, was denn?

Klara hat Schnupfen.

Ach so, das ist doch nicht so schlimm.

Doch, ist es. Wir wollten doch kommen und dich besuchen und das geht jetzt nicht.

Abwarten, heute ist erst Donnerstag. Bis Samstag ist der Schnupfen bestimmt weg.

Warum ist ein Schnupfen denn schlimm, Oma?

Das ist wegen der Corona-Krise, da weiß man nie, ob es nicht dieses dumme Virus ist. Ansonsten ist ein Schnupfen im Juli halb so wild.

Ich möchte dich sooo gerne besuchen.

Und ich hätte euch alles sooo gerne hier. Wird schon klappen. Feste Daumen drücken.

Was sind Daumen?

Die dicken Finger an der Hand, die abstehen.

Ach so, hab ich. Aber wie drück ich die denn? Ich lutsche nur immer dran.

Das geht auch, dann drückst du halt mit deinem Mündchen.

Gut, ich drück dann mal. Komisch, jetzt kann ich gar nicht mehr sprechen.

Du sprichst doch nur virtuell, das geht also schon noch.

Ein Glück, ich möchte mit dem Drücken jetzt auch nicht wieder aufhören. Lutschst du auch am Daumen, Oma?

Nein, natürlich nicht. Aber als kleines Mädchen habe ich das gemacht. Soll ich dir etwas verraten?

Ja, gerne.

Ich habe den Daumen in die Zuckerdose gesteckt und dann den Zucker abgelutscht. Das war schön.

Das mache ich später auch!

Da wird dich deine Mama schon von abhalten, ist nämlich sehr ungesund.

Das ist ja doof.

Ich denke, du bekommst einen Schnuller.

Da bin ich mal gespannt.

Oh, Klara braucht ein Taschentuch. Ich muss mit Mama ihr eines bringen.

Bis morgen mal, Oma, und drück du schön die Daumen.

Mach ich, bis morgen, Spatzenkind.

3. Juli

Hallo, mein Spatzenkind. Heute hätte meine Oma, deine Ur-Ur-Oma, Geburtstag.

Herzlichen Glückwunsch! Gibt es Torte? Sollen Mama und ich kommen?

Nein, sie lebt schon lange nicht mehr.

Schade, ich hätte sie gerne besucht. Aber am Sonntag komme ich zu dir, das steht fest.

Ich freue mich schon. Es gibt Obstkuchen.

Auch lecker. Und ich soll Johannisbeeren pflücken, hat Mama gesagt.

Ach ... du? Sollst? Johannisbeeren? Pflücken?

Ja, ich. Bin doch schon groß. Hast du vergessen, Oma? 5,8 Kilogramm bin ich groß.

Die Zahl stimmt, alles andere nicht.

Woher willst du das denn wissen ...

Irgendwo habe diesen Spruch schon einmal gehört.

Aber nicht von mir!

Kann es sein, dass du kess bist?

heul

Ach, je, so habe ich das doch nicht gemeint.

Ich doch auch nicht.

Bist ein ganz liebes Spatzenkind.

Bin ich auch. Ich wachse und wachse, strample und strample ...

Und was machst du?

Ich schreibe und schreibe, singe und singe, spiele Gitarre und Keyboard ...

Wir sind richtig klasse, Oma.

Nicht wahr? Und so gar nicht eingebildet.

Was ist ,eingebildet'?

Am besten spielen wir das. Ich fang mal an: Ich bin die tollste Oma der Welt. Jetzt du!

Ich bin das tollste Kind der Welt. Mensch, Oma, das hört sich aber doof an. Ich meine, da sind doch noch Julian und Klara. Was sind die denn dann?

Ich mache einfach mal weiter: Ich bin die beste Sängerin aller Zeiten.

Uiii, also, ich bin das größte Ungeborene aller Zeiten. Nee, Oma, das klingt ja gar nicht gut. Das gefällt mir nicht.

Wenn du eingebildet wärst, würde das in deinen Ohren gut klingen.

Tut es aber nicht.

Du bist ja auch nicht eingebildet. Jetzt weißt du, was ‚eingebildet' bedeutet.

Ja. Und das Spiel war nicht schön *schüttel*

Fand ich auch *ebenso-schüttel*

Gut, dass wir nicht eingebildet sind, Oma.

Und täglich grüßt der Wurzelzwerg …

4. Juli

Hallo Oma ich freu mich so. Wie oft muss ich noch schlafen, bis wir uns sehen?

Noch einmal, mein Spatzenkind, aber sehen werden wir uns nicht, du bist doch noch nicht geboren.

Aber hören kann ich dich, Oma. Singst du mir morgen etwas vor?

Ja, das kann ich gerne machen. Da musst du mit Mama ins Musikzimmer kommen. Allerdings wird Julian auf dem Schlagzeug spielen, das wird ziemlich laut. Klara geht dann meistens aus dem Zimmer.

Ich nicht.

Wir werden sehen.

Darf ich auch Musik machen?

Nächstes Jahr, mein Schatz.

Was denn dann?

Du kannst auf meinem Keyboard spielen. Ich nehme dich auf meine Knie und dann kannst du loshämmern. Oder du spielst auf dem kleinen Glockenspiel.

Oder auf dem Schlagzeug?

Wenn du nicht von dem kleinen Hocker fällst ...

Spielen wir Musikmachen, Oma?

Gern.

Also *auf-dem-Keyboard-herumhämmer*

Gitarre-spiel

auf-dem-Schlagzeug-herumhämmer

eine-Melodie-auf-dem-Keyboard-spiel

auf-dem-kleinen-Glockenspiel-herumhämmer

eine-Lied-zur-Gitarre-sing

auf-der-kleinen-Gitarre-herumhämmer

Halt, Moment mal, du hämmerst ja auf allen Instrumenten nur herum.

Ist das verkehrt?

Ja, das ist Krach, aber keine Musik.

Ist das nicht das gleiche?

Um Himmels willen, nein.

Oh, hat aber Papa gesagt.

Da hat er sicher nur Spaß gemacht.

Glaub ich nicht. Das hat er gesagt, als Julian und Klara auf ihren Kinderinstrumenten herumgehämmert haben.

Ja, dann ...

... hören wir lieber auf, Oma, mir tun schon die Ohren weh von dem Gehämmer.

Mir auch.

Ich wachse dann mal weiter, damit ich morgen schön groß bin.

Bis morgen, mein Kleines.

5. Juli

Guten Abend, mein Spatzenkind.

gähn *war das schön bei dir, Oma, aber ich bin sowas von müüüde ...*

Ich auch, mein Kleines. Klara und Julian waren in Hochform. Überall wurde gespielt, jede Etage inspiziert und dann erst im Musikzimmer ...

Oma, das war schrecklich laut. Ich habe mir meine Ohren zugehalten. Wer hat denn so laut herumgehämmert?

Na, wer wohl? Julian und Klara natürlich. Beide haben auf das Kinder-Schlagzeug eingedroschen, dass auch mir die Ohren klingelten.

Ich verspreche dir, Oma, dass ich nie-nie-nie so laut darauf spielen werde.

Das wäre mir ganz lieb. Ich habe ja meine eigene Stimme nicht mehr hören können. Aber schön war es trotzdem. Deine Geschwister hatten sehr viel Spaß.

Ich fand den Kuchen so lecker und die Johannisbeeren.

Waren die nicht zu sauer?

Keine Ahnung, Mama haben sie geschmeckt.

Nächstes Jahr bekommst du auch welche.

Auch Donuts?

Ich denke, wir warten doch lieber bis zum übernächsten Jahr.

Das ist ja nicht mehr lange. Aber weißt du, was mir Sorgen macht?

Sorgen? Ein Ungeborenes?

Du hast es doch gehört, Oma. Mama will mir keinen Kinderwagen kaufen. Das ist ja schrecklich.

Deine Mama meint lediglich, dass der alte Kinderwagen noch ganz gut ist und sie keinen neuen braucht. Du kannst also ganz unbesorgt sein, du hast einen Kinderwagen, er steht im Keller.

Aber ein Bettchen habe ich nicht.

Doch, hast du auch. Und du bekommst sogar einen nagelneuen Hochstuhl. Den schenke ich dir.

Kann ich darin schlafen?

Du kannst auf jeden Fall babygerecht darin liegen, bis du sitzen kannst.

Das ist ja prima, ich freue mich.

Dann wachs mal schön, damit auch hineinpasst.

Mach ich, Oma. Bis morgen.

Bis morgen, Spatzenkind.

6. Juli

Oma, wo bleibst du denn? Ich warte schon die ganze Zeit auf dich.

Entschuldige, war mit Opa unterwegs.

Ohne mich?

Mein Spatzenkind, du bist doch noch zu klein. In zwei Jahren oder so nehmen wir dich gerne mit.

*Am liebsten wäre ich jetzt gerne dabei, Mama und mir ist nämlich so schrecklich langweilig. Wir liegen auf der Couch *gähn* müssen uns schonen.*

Wo sind denn deine Geschwister?

*Mit Papa unterwegs. Alles sind unterwegs, nur ich nicht … *heul**

Oh, bitte nicht weinen. Schau, gestern warst du doch in Wuppertal und am Samstag fahrt ihr in Urlaub.

Wie? Da weiß ich ja gar nichts von. Wo ist denn Urlaub? Ist das weit weg?

Ihr macht eine Reise ans Meer und erholt euch mal schön. Dann kannst du mit Mama Seeluft schnuppern.

Was ist denn schnuppern?

Atmen, ach ja, kannst du ja noch nicht.

Dann will ich da auch nicht hin.

Du wirst einfach mitgenommen. Aber freu dich doch, ihr fahrt in dem tollen neuen Auto.

In meinem Kinderwagen?

In eurem Familienwagen.

Sag ich ja.

Schreib mir eine Postkarte.

Oma!

Ja?

Ich verstehe dich heute nicht richtig.

Ich mache Spaß.

Was ist denn Spaß?

Etwas, das, wenn man es erklärt, das nicht mehr ist.

Ich höre dir jetzt einfach nicht mehr zu, so!

Hast ja Recht. Wollen wir zusammen etwas singen?

Au ja!

Dann los, zwei, drei:

sing-sing

ganz-hoch-sing

ganz-tief-sing

träller

hust-räusper

Was ist los, Oma?

Nichts, ich habe nur einen Frosch im Hals.

Oh weia, Oma. Kannst du ihn nicht ausspucken?

Ich versuche es:

spuck-und-hust

Ich denke, wir sollten für heute aufhören.

Ja, hinterher bekomme ich auch einen Frosch im Hals und das will ich nicht.

Versteh ich. Dann bis morgen, mein Enkelkind.

Bis morgen, Oma.

7. Juli

heul

Was ist los?

*Das weiß ich nicht *heul**

Ist etwas passiert?

Nein.

Geht es Mama nicht gut?

Doch.

Streiten sich Klara und Julian?

Nein.

Hast du vielleicht einen Frosch im Hals?

*Nein *heul**

Hast du Stimmungsschwankungen psychologisch-infantiler Natur?

Ganz genau, Oma. Woher weißt du das?

Hör mal, das was ich gerade gefragt habe, ist doch Quatsch.

Quatsch nennst du das? Was meinst du, warum Mama und ich heute so viel weinen müssen?

Ja, warum denn?

Das weiß ich doch nicht.

Aha.

Es gibt also keinen Grund für deine Heulerei.

Doch.

Und wie lautet der?

Der Grund ist, das ich heulen muss *heul*

Vielleicht hilft ein großes Schokoladeneis daraus, oder ein paar Gummibärchen?

Die Idee hatte Julian auch und ihm hat es geholfen. Klara nicht.

Warum?

Die wollte lieber Donuts.

Weißt du, mir ist das alles viel zu logisch.

Das meinte Papa auch. Ich glaube, wir fahren bald in Urlaub.

Da gehört ihr allesamt auch hin. Lasst euch von der Seeluft mal so richtig durchpusten, dann wird das schon wieder.

Das sagte Oma Mia auch. Du bist wirklich schlau, Oma.

Danke. Jetzt muss ich mal was arbeiten, mein Kleines. Mein neues Buch über dich wird sonst nicht fertig.

(und damit reihte sich die tapfere Oma in die Logik dieser Geschichte ein)

8. Juli

Hallo, mein Spatzenkind.

Oma, ich kann nicht mehr ...

Was denn? Wachsen, am Daumen lutschen, hin- und herdrehen?

Ganz genau.

Moment, eins von den dreien bitte.

Drehen, hin und her, mir ist ganz schwindlig.

Dann mach doch eine Pause.

Gute Idee, was ist eine Pause?

Man hält an und erholt sich.

anhalt

erhol

Ja, das klappt, mir geht es schon besser.

Das freut mich.

Woher weißt du so etwas, Oma?

Lebenserfahrung.

Ach, die habe ich auch.

So, so ... woher denn?

Ich bin doch schon eine ganze Weile unterwegs.

Das stimmt.

Habe schon viel gehört.

Ja, was Mama und Papa und deine Geschwister gesagt haben.

Und du!

Na, so viel war das letzten Sonntag aber gar nicht.

Doch, ich habe genau gehört, wie du gesagt hast: Ich räume jetzt ab!

Das hast du gehört?

Und daraus gelernt.

Aus meinem Tischabräumen? Du erstaunst mich, Kleines.

Ich habe gelernt, dass man nie den Tisch abräumen sollte bevor alle zu Ende gegessen haben.

Ja, das war peinlich. Ich musste neue Teller aus dem Schrank holen. Dann merke dir das fürs Leben.

Oh ja, Oma.

(und die kleine Oma ging in sich und schwor, immer korrekt zu handeln, solange sie von einem winzigen Ungeborenen beobachtet wurde)

9. Juli

Na, mein Spatzenkind, hast du schon Reisefieber?

Nein, Oma, ich bin nicht krank.

Ich meinte, bist du schon aufgeregt, weil ihr an die See fahrt?

Nein, Oma, ich fahre ja gar nicht mit.

Wie?

Na, ich bleibe hier, ich habe keine Lust. Mir gefällt es hier sehr gut.

Weiß das deine Mama?

Was geht die das denn an?

Vielleicht, weil du ein Ungeborenes und in Mamas Bauch bist?

Hm ...

Haste nicht bedacht, was?

Wie?

Da hast du nicht dran gedacht, oder?

*Kann sein *heul**

Warum weinst du jetzt?

*Ich will nicht weg, das ist los. Was soll ich im Wasser, wo ich doch schon im Wasser bin? Vielleicht ist das Wasser dort kalt? Meinst du, das wollte ich? *heul**

Nun mal ganz ruhig. Wenn deine Mama ins Wasser geht, da merkst du gar nichts von.

Woher willst du das denn wissen ...

Ich kenne das Leben.

Ich auch.

Glaub es mir einfach.

Na gut, ich will trotzdem nicht mit.

Ich denke, du wirst einfach mitgenommen.

Dann strample ich ganz doll.

Ob das was hilft? Vielleicht wird es ganz schön. Ihr genießt die gute Seeluft, erholt euch, macht Ausflüge, wenn nicht zu viele Menschen unterwegs sind.

Hm ... aber ich sehe doch gar nichts davon.

Aber du kannst das Meer rauschen und den Wind pfeifen hören.

Meinst du?

Probiere es aus.

Und wenn ich nichts höre?

Dann hörst du den Herzschlag von Mama, ist doch auch was.

Da hast du Recht, Oma. Jetzt freue ich mich sogar ein bisschen.

Dann bis morgen, mein Spatzenkind.

Bis morgen, Oma.

10. Juli

Hallo, Oma. Spielen wir?

Ja klar, was denn?

Mit der Nabelschnur spielen.

Das kann ich nicht, hab keine.

Schade. Dann, wer am besten am Daumen lutschen kann.

Kann ich auch nicht, bin zu alt.

Hm ... und wer sich am schnellsten um sich selber drehen kann?

Das kann ich auch nicht, dazu bin ich zu steif. Vielleicht wenn ich in der Schwerelosigkeit wäre, so wie du.

Dann geh doch da hinein, in dieses lose Dings.

Hab ich aber hier nicht. Das wäre unter Wasser, so in etwa, oder im Weltraum.

Wasser kenne ich, aber was ist Weltraum? Ein Raum wie unser Wohnzimmer?

Nein, ein riesengroßer Raum ohne Luft zum Atmen.

Uiii, da könnte ich noch viel mehr rumturnen und Luft zum Atmen brauche ich doch nicht, hab ja Mama.

Aber deine Mama braucht Luft, geht also auch nicht so einfach.

Dann spielen wir, wer am schönsten lachen kann.

Gut *lach*

hinreißend-lächel

Schon gut, du hast gewonnen. Ein Babylächeln ist unschlagbar.

*Hurra, gewonnen, hurra! *gähn**

Oma, entschuldige, aber ich muss heute früh schlafen gehen, weil wir ja morgen in Urlaub fahren und da müssen wir alle früh raus.

Verstehe. Dann wünsche ich dir eine gute Nacht.

Gute Nacht, Oma.

11. Juli

Hallo, mein Spatzenkind.

Spatzenkind? Alles klar?

heul

Was hast du denn? Ihr seid doch gut angekommen, ist es nicht schön am Meer?

Ich habe Angst, solche Angst, Oma.

Angst hast du? Ja, um Himmel willen, warum denn? Und wovor?

Es ist so laut hier.

Machen Klara und Julian so viel Krach?

Nein, die schlafen schon. Es rauscht so dolle und ich weiß nicht, was das ist.

Das ist das Meer, mein Kleines. Du hörst das Meer rauschen.

Das gefällt mir aber gar nicht, Oma. Es macht mir solche Angst. Kann das Meer nicht damit aufhören?

Wohl nicht.

Stell es bitte ab, Oma.

Mein Kleines, das ist doch kein Staubsauger, den man einfach abstellen kann.

Macht Mama aber immer.

Halte dir doch die Ohren zu, vielleicht hilft das.

Ohren-zuhalt

Nein, es rauscht immer noch.

Du wirst dich schon noch dran gewöhnen.

*Glaub ich nicht *heul**

Vielleicht, wenn …

Moment, Oma, es hat aufgehört und Papa hat gerufen: „Die Pizza ist fertig!"

Oh, Julian und Klara sind wach geworden und Mama und ich gehen irgendwohin. Jetzt klappern Teller, das Geräusch kenne ich gut.

Dann war das Rauschen nur der Backofen eurer Ferienwohnung?

Glaub schon.

Na also … *Schweiß-von-der-Stirn-wisch* … dann ist ja alles in Ordnung.

Ist es, Oma. Alle lachen und ich schlafe beinahe ein, so müde bin ich. Wir sind nämlich lange gefahren.

Dann schlaf mal schön, mein Spatzenkind. Bis morgen.

*Bis morgen *gähn**

12. Juli

Hallo, Oma. Ich habe heute im Sand gespielt!

Isnichwahr …. Wie hast du das gemacht?

Na, mit Mama natürlich, und einer Schaufel, glaub ich.

Oder haben Klara und Julian im Sand am Meer gespielt?

Ja, genau, so war es. Ich habe eigentlich geschlafen.

Verstehe, die gute Seeluft macht müde, nicht wahr?

Das kannst du wohl glauben. Warst du schon einmal am Meer?

Nur mal kurz. Ich mag die Berge lieber.

Was sind denn Berge?

Ach, kennst du ja nicht, bei euch ist alles flach. Sobald du geboren bist, besuchst du mich und dann fahre ich dich im Kinderwagen spazieren, unsere Höhen rauf und wieder runter.

Uiii, das wird schön, Oma.

Das denke ich auch. Was wollen wir heute spielen? Muscheln sammeln?

Au ja, wie Mama heute. Ich fang an:

Muschel-such

Muschel-find

Muschel-aufheb

noch-eine-Muschel-find

noch-eine-Muschel-find

noch-eine-Muschel-find

Hm, wird etwas langweilig, oder?

Ja, sind so viele Muscheln hier. Wer hat denn jetzt gewonnen?

Wer die meisten Muscheln gefunden hat. Zähle mal deine!

Kann ich nicht, sind zu viele.

Dann hast du gewonnen. Ich habe nur 16. Herzlichen Glückwunsch!

Danke. Spielen wir morgen Fische fangen?

Können wir versuchen, ich habe nur keine Ahnung, wie das geht.

Mit einer Angel, sagt Papa.

Hast du eine Angel?

Nein, du?

Auch nicht.

Dann suchen wir wieder Muscheln.

Gute Idee. Bis morgen, Spatzenkind.

Bis morgen, Oma.

13. Juli

Oma, ich habe schon ganz viele Muscheln gefunden. Schau mal!

Oha, da muss ich mich ja sputen.

Muschel-such

Muschel-find

Ich habe schon wieder eine. Du, Oma, was sind eigentlich Muscheln?

Was wir am Strand finden, sind nur die Muschelschalen und die sind leer. Darin haben mal die Muscheln gewohnt. Das sind kleine Tiere mit einem weichen Körper.

Also sind die Muschelschalen ein Zuhause, sowie ich bei Mama zuhause bin?

Ganz genau.

Aber Muscheln sind Tiere. Was sind denn Tiere?

Lebewesen, die auf dieser Erde leben, Hunde und Katzen zum Beispiel. Wir sind auch Lebewesen und leben hier.

Da bin ich mal gespannt.

Kannst du auch sein. Du wirst viel entdecken, wenn du geboren bist.

Ich entdecke jetzt schon viel, denn ich kann viel hören. Ich kenne Mamas Stimme und die von Julian ganz genau.

Das glaube ich dir.

Sollen wir Stimmen sammeln spielen?

Ach, Kind, wie soll das denn gehen?

Ich höre eine Stimme und du sagst, von wem sie ist.

Das kann ich dir so schon sagen. Wenn ihr zuhause seid, ist das entweder die Stimmen von deinem Papa, deiner Mama, oder von deinen Geschwistern.

Richtig, Oma! Du hast gewonnen.

Das ging aber einfach.

Du bist aber auch gut.

Danke.

Dann wachse ich jetzt mal noch etwas. Bis morgen, Oma.

Bis morgen.

14. Juli

Ach, Oma, ich möchte wieder nach Hause.

Warum, mein Spatzenkind? Ist es nicht schön an der See?

Ich weiß nicht, Klara hat Schnupfen, Julian schlechte Laune und Mama ist schlecht.

Und Papa?

Der versucht, alle aufzuheitern. Klappt aber nicht. Julian vermisst sein Spielzeug und Klara hat Schnupfen.

Das sagtest du schon. Hier sind auch viele erkältet.

Du auch, Oma?

Ja, ein wenig. Ist halt ein wechselhafter Sommer.

Was ist denn Sommer?

Na, die Jahreszeit, in der wir uns gerade befinden. Im Sommer ist es meistens warm und die Sonne scheint.

Dann bin ich im Sommer, es ist warm bei Mama.

Das glaube ich dir. Wenn du aber geboren wirst, wird es Winter sein. Dann ist es kalt und die Sonne lässt sich kaum blicken. Es ist die meiste Zeit dunkel.

Wie bei Mama, ich kann kaum was sehen. Macht also nichts.

Du bist positiv eingestellt, das ist schön.

Was ist das denn jetzt schon wieder?

Voller Hoffnung in die Zukunft blicken.

Das mache ich doch, Oma.

Sag ich ja.

Hast du gar nicht gesagt.

Sag mal, hast du schlechte Laune?

Ja, Mama ist es doch schlecht. Hörst du mir eigentlich zu?

Ich bemühe mich.

heul ich weiß es doch auch nicht.

Was weißt du auch nicht?

Auch das weiß ich nicht.

Was hältst du vom Spielen?

Oh ja, spielen wir singen?

Zusammen?

Ja.

Also los, eins, zwei:

sing

sing

ganz-doll-sing

träller

Und so sangen das Spatzenkind und die besagte Oma zusammen. Und wer sie nicht gehört hat, ja, der hat wirklich etwas versäumt.

15. Juli

Hallo, mein Spatzenkind. Wie geht es dir heute?

Bestens, Oma. Ich kann die Mama supergut hören. Die hat ja eine schöne Stimme, hach, da wird mir ganz warm im Bäuchlein.

Das stimmt.

Und ich kann nicht aufhören, herumzuturnen. Turnst du auch so viel herum, Oma?

Nein, aber ich bewege mich gerne, laufe viel und so.

Was ist denn laufen?

Na, mit den Beinen auf dem Boden herumgehen.

Ich habe hier gar keinen Boden.

Das würde mich auch wundern. Du musst ja auch noch nicht laufen, das kommt später.

Ich kann schwimmen, das genügt mir.

Und wenn du geboren bist?

Dann schwimme ich einfach weiter. Wird schon klappen.

Aber nur in der Badewanne, mein Kind.

Woher willst du das denn wissen?

Habe so meine Erfahrung.

Ich auch.

Ja, ja, ich weiß. Wenn du ein Delphinbaby oder ein kleiner Wal wärst, dann würde das ja auch klappen. Aber du bist ein kleiner Mensch und daher wirst du laufen lernen müssen.

Mach ich ja auch, Oma, keine Sorge.

Da bin ich aber froh.

Aber schwimmen kann ich besser. Wollen wir schwimmen spielen?

schwimm

auch-schwimm

herum-ruder

auf-dem-Rücken-schwimm

auch-auf-dem-Rücken-schwimm

tauch

auch-tauch

Ich kann gar nicht aufhören, Oma.

Und ich werde müde, schwimmen ist anstrengend.

Für mich nicht, aber hören wir auf. Ich muss ja auch noch wachsen. Und was machst du?

Ich muss noch schreiben, Musik machen und so.

Uiii, haben wir beide viel zu tun.

Wir brauchen Urlaub.

Ich bin ja schon im Urlaub, Oma. Mach doch auch Urlaub.

Eine gute Idee, bespreche ich mal mit Opa. Bis morgen, mein Kleines.

Bis morgen, meine große Oma.

16. Juli

Hallo, mein Spatzenkind.

Hallo, meine Oma. Warum sind deine Augen so rot?

Das kannst du sehen?

Heute schon. Was ist denn los? Mama ist auch traurig.

Heute hätte dein Onkel Kai Geburtstag.

Ach ja, weißt du, Onkel Kai ist hier.

Wo?

Hier in meiner Welt. In der Welt der noch nicht Lebenden und der nicht mehr Lebenden. Wir sind alle zusammen. Onkel Kai lässt dich grüßen und du sollst nicht so traurig sein, er wäre immer an deiner Seite. Du würdest es nur nicht wissen.

Ist das so?

Natürlich, so wahr wir beide hier miteinander sprechen.

Sag ihm, dass ich ihm eine Kerze angezündet habe.

Das hat er schon gesehen, Oma, und freut sich darüber. Er sagt, er wäre dein Engel.

An dieser Stelle bricht diese Geschichte ab ... und wird auch nicht wieder aufgenommen. Bis morgen, liebe Leser, in alter Frische – und ohne Tränen.

17. Juni

Oma, ich bin wieder da!

Wie schön! Hattet ihr eine gute Fahrt?

Nein.

Oh, warum nicht?

Wir hatten einen platten Reifen.

Du meine Güte ...

Papa hat ihn aufgeblasen.

Öhm, wie hat er das denn gemacht?

Aber Oma, du kennst doch Luftballons, oder?

Schon ...

Mit einem Reifen geht das auch nicht anders, hat Papa gesagt.

Ich höre jetzt einfach zu. Wie ging es weiter?

Nun, Papa hat den platten Reifen aufgeblasen und dann war er nicht mehr platt. Das kannst du dir ja denken.

Ich bemühe mich.

Dann sind wir weiter gefahren.

Aha.

Dann hat es geregnet.

Heute war eigentlich schönes Wetter.

Ich dachte, du hörst zu, Oma.

Okay, mach ich.

Wenn es regnet, was man braucht man da?

Einen Regenschirm.

Genau. Papa hat also einen Regenschirm aufgespannt – über unserem Auto.

Nun wird es schräg.

Nein, nicht schräg, ganz gerade. Sonst wäre doch der Regen ins Auto gelaufen.

Verstehe.

Na endlich! Dann wurde der Regenschirm ganz nass und Papa musste sich etwas einfallen lassen.

Ich frage mich gerade, wo ich bin ...

Wir sind gerade auf der Autobahn, Oma, hör doch zu!

Nun war also der Regenschirm ganz nass, und da hatte Mama die Idee, wir sollten schwimmen gehen.

Auf der Autobahn?

Natürlich nicht! Im Wasser, wo denn sonst?

Und dann? Habt ihr Wasser gefunden?

Nein, nur Muscheln.

Und dann? Ich weiß, ich wiederhole mich.

Dann? Dann bin ich wach geworden und wir waren zuhause.

Du hast das alles nur geträumt?

Ja. Träumst du nie?

Jeder Nacht, mein Spatzenkind.

Der Traum war so anstrengend, dass ich jetzt unbedingt noch etwas schlafen muss *gähn*

Verstehe, dann schlaf gut, bis morgen.

Bis morgen, Oma.

18. Juli

Mein Spatzenkind, bist du heute fleißig gewachsen?

Und wie, Oma. Mama bekommt ihre neue Hose nicht mehr zu.

Oh je, die Arme.

Ist nicht so schlimm, wir waren heute shoppen. Das war schön. Ich habe auch etwas bekommen.

Was denn?

Ich glaube, ein Höschen.

Ein Strampelhöschen?

Kann sein und dann noch eine Decke. Dabei ist es doch so warm. Verstehst du das, Oma? Klara und

Julian wollten unbedingt Eis haben, weil es so warm ist.

Klara und Julian essen immer Eis, ob warm oder kalt, ob Sommer oder Winter. Aber heute ist wirklich ein warmer Tag. Deine Mama hat die Decke für dich für den Winter gekauft. Wenn du zur Welt kommst, wird es kalt sein.

Woher willst du das denn wissen?

Weil es im Winter immer kalt ist, deshalb.

Aha. Und wenn ich das nicht will?

Was denn?

Im Winter zur Welt kommen.

Das kannst du nicht ändern, das macht die Natur.

Was ist denn Natur?

Alles und jedes um uns herum und wir selber.

Bist du auch im Winter geboren?

Nein, im Frühling.

Und Mama?

Am Anfang des Frühlings, aber es hat den ganzen Tag geschneit und es war kalt.

Dann will ich geboren werden, wenn es kalt ist.

Wird schon klappen. Und ein Weihnachtsbaum wird stehen ...

Wo?

Überall. Bei euch zuhause, bei mir, im Krankenhaus. Und der wird wunderschön geschmückt sein und leuchten und strahlen.

Wegen mir?

Nein, wegen Jesus.

Wer ist denn das schon wieder?

Ein kleiner Junger, der fast zur selben Zeit wie du geboren wurde, allerdings vor mehr als 2000 Jahren. Du wirst noch viel über ihn hören.

Das hört sich jetzt schon sehr schön an.

Das wird es auch, glaube es mir.

Ich möchte deinen Weihnachtsbaum auch gerne sehen.

Ob das klappen wird? Du bist dann noch sehr klein und ich glaube kaum, dass Mama mit dir die Fahrt nach Wuppertal unternehmen wird. Außerdem kann Schnee liegen und dann wird das Autofahren gefährlich.

Schade.

Keine Bange, du wirst genug Weihnachtsbäume sehen. Soweit du schon sehen kannst natürlich.

Ein wenig kann ich schon sehen, Oma.

Das ist ja prima.

Wenn ich geboren bin, reiße ich meine Augen ganz weit auf. Das nehme ich mir fest vor.

Meistens schlafen die Neugeborenen aber sehr viel.

Ich nicht!

Wir werden sehen. Du schläfst ja jetzt auch sehr viel.

Das stimmt. Ich bin auch wieder sehr müde *gähn*

Dann spielen wir heute nicht mehr?

Morgen, Oma, dann bin ich wieder ganz wach.

Gut, bis morgen dann.

Bis morgen, Oma.

19. Juli

Hallo, mein Spatzenkind. Bist du wach?

Und wie, Oma. Ich turne den ganzen Tag herum. Strampeln ist so herrlich, ich liebe es ... und ich kann gar nicht mehr damit aufhören, weil ich ja so viel Platz habe. Ich schwimme, ich strample. Kennst du das?

Früher bestimmt, als ich ein kleines Ungeborenes war. Heute bewege ich mich gerne im Freien beim Spaziergehen. Dann genieße ich die Waldluft und freue mich, wenn die Sonne durch das Blätterdach bricht.

Du redest wieder komisch, Oma. Blätterdach, was soll das sein? Weißt du eigentlich, wie gut ich schön hören kann? Mamas Stimme kenne ich ganz genau und ich weiß, wann Papa staubsaugt. Und dann kann ich Julians kleine Eisenbahn pfeifen hören. Kennst du die denn?

Natürlich, eine Lok habe ich ihm sogar mal geschenkt. Ein hübsches Spielzeug. Hoffentlich hält es noch bis du alt genug bist, dass du damit spielen kannst.

Ob Julian das erlaubt?

Garantiert, er wird dann zu groß dafür sein.

Und Klara?

Spielt vielleicht mit dir zusammen mit der Holzeisenbahn.

Wollen wir Eisenbahn spielen, Oma?

Gerne. Alles einsteigen, Abfahrt!

Aber Oma, wir müssen die doch erst bauen.

Ach ja, du hast Recht.

Schienen-leg

Brücke-bau

Weiche-einfüg

Bahnhof-bau

Zug-zusammenstell

Abfahrt!

tuff-tuff-tuff

pfeif

Eine schöne kleine Bahn.

Finde ich auch.

Wir sind richtig gute Baumeister für Holzeisenbahnen.

gähn ist das anstrengend. Ich habe ja schon so viel gestrampelt heute und dann noch mit der Eisenbahn spielen *gähn*

Dann ruh dich mal schön aus. Bis morgen.

Bis morgen.

20. Juli

Weißt du, Omi, ich überlege, was ich einmal werden soll.

Oh, da hast du aber noch jede Menge Zeit. Wie kommst du denn darauf?

Weil Julian Sänger wird. Das habe ich genau gehört.

Ja, das hat er mir auch gesagt.

Was bist du denn?

Autorin und Musikerin.

Ach so, das ist ja nicht gerade gut.

Also bitte ...

Sängerin wäre besser.

Bin ich doch auch, unter anderem.

Nur Sängerin. Ich werde das auch.

Hast du dich schon entschieden? Kannst du denn schön singen?

Natürlich. Willst du mal hören?

sing

sing-ganz-laut

Schön?

Ja, ganz toll.

Singe ich so schön wie Julian?

Klar.

Dann werde ich auch Sänger.

Oder Sängerin, wenn du ein Mädchen bist.

Bin ich doch, sagt Mama.

Kann schon sein.

Was wird Klara denn mal?

Keine Ahnung, aber sie hat großes technisches Verständnis. Vielleicht macht sie mal was mit Computern oder so.

Singt man dabei?

Wenn man gute Laune bestimmt.

Mama macht ja auch was mit Computern.

Indirekt schon. Sie ist Mathematikerin. Willst du das nicht werden?

Nö. Ich finde singen ganz toll.

sing

mit-einstimm

Und so sangen die beiden wieder zusammen – und wenn sie nicht aufgehört haben ... dann haltet euch bitte die Ohren zu.

21. Juli

Oma, wie lange dauert es denn noch, bis ich geboren werde?

Warum?

Es dauert mir zu lange.

Warum?

Ich will endlich alles sehen, was ich höre.

Warum?

Oma! Merkst du nicht, wie du immer dasselbe fragst?

Doch, tut mir leid. Aber warum denkst du so? Ist etwas passiert?

Nein, alles okay hier. Aber ich höre doch nur immer, wenn Klara oder Papa etwas sagen. Oder da ist schon mal ein komisches Geräusch und ich erschrecke mich. Ich würde dann wirklich gerne wissen, was das ist. Verstehst du?

Ich denke schon. Zum Beispiel, wenn auf der Straße ein großes Auto vorbeirauscht, dann kann das sehr laut sein. Du bekommst Angst, weil du ja nicht weißt, dass das nur ein Auto auf der Fahrbahn ist und keine Gefahr für dich besteht.

Oma, ganz genau so ist es und du hast das wunderbar gesagt. Du solltest das immer machen, den ganzen Tag.

Bin Schriftstellerin.

Ach, das ist doch doof. Ich meine, du solltest das vielleicht mal aufschreiben. Mama schreibt ja auch viel auf, Einkaufszettel und so, und Papa Telefonnummern und so.

Ja, ich werde darüber nachdenken.

Gut, du bist sicher froh, wenn ich dir sowas sage.
Und wie!
Ich bin ein schlaues Enkelkind.
Wüsste kein klügeres.
Oma?
Ja?
Meinst du das ernst?
hust wollen wir nicht lieber was spielen?
Ja gut. Was denn?
Verstecken schlage ich vor.
Au ja!
Darf ich anfangen?
Ja.
Okay, dann zähle bis zehn und suche mich.
schnell-unter-dem Schreibtisch-versteck
Zehn, zehn, zehn, zehn, ich komme!
Oma-such
Oma-nicht-find
Oma, sag mal ‚piep'!
piep
Ach, ich hab dich. Du bist unter deinem Schreibtisch.
Mensch, du hast ja Argusaugen.
Wenn ich die nur hätte …
Und schon sind wir, liebe Leser, wieder am Anfang
der Geschichte.
Oma, Wiederholungen gefallen nicht!
Ich hör ja schon auf. Bis morgen, mein Kleines.
Bis morgen, Oma.

22. Juli

Meine Güte, Oma, wo bleibst du denn so lange? Ich warte schon die ganze Zeit auf dich und wäre beinahe eingeschlafen *gähn*. Sonst bist du immer früher da.

Entschuldige, mein Kleines, ich habe mit Opa einen Film geschaut und der hat so lange gedauert.

Hach, Filme schauen. Das ist doch sowas von langweilig. Mache ich oft abends mit Mama und Papa zusammen, wenn Klara und Julian schon im Bett sein müssen. Ich darf natürlich aufbleiben.

So ist das?

Klar, aber ich sag dir was, Oma, Filme sind langweilig. Ich schlafe immer dabei ein und wenn ich wach werde, muss ich ins Bett. Doof …

Du meinst, wenn der Film zu Ende ist, gehen Mama und Papa schlafen und du natürlich mit.

Ja, sag ich ja, dann muss ich ins Bett. Musst du jetzt auch ins Bett, Oma?

Nein, ich gehe zu Bett wann ich will.

Hast du es gut …

Meinst du? Ich finde Filme anschauen übrigens oft sehr unterhaltsam.

Was ist denn das?

Unterhaltsam? Das heißt, dass man Spaß hat und die Zeit schnell vergeht.

Warum soll die Zeit denn schnell vergehen?

Soll sie ja gar nicht, aber das passiert halt, wenn man eine schöne Zeit hat. Zeit ist relativ.

Ich weiß!

Das weißt du?

Klar, ich weiß, was ‚isst' ist. Mama sagte letztens zu Klara: „Nun iss schön, sonst werden deine Nudeln kalt.

Du verwechselst da was und es fehlt das ‚t'.

Verwechseln ist schlimm, das kenne ich auch schon.

So?

Ja, Julian hat gestern seine Schuhe verwechselt und konnte nicht laufen.

Was bei euch alles passiert ...

Ja, du glaubst es nicht, Oma.

Das glaubt der Leser dieses Buches sicher auch nicht.

gähn ich verstehe gar nichts mehr.

Ich auch bald nicht mehr.

einschlaf

Das einzig richtige, mein Spatzenkind. Dann schlaf mal schön, bis morgen.

einfach-penn

23. Juli

Spatzenkind?

Spaaatzenkind!

streck-und-reck

Ist schon Abend?

Nein, Nachmittag. Ich bin extra früh heute.

Mensch, Oma. Ich halte doch gerade meinen Nachmittagsschlaf.

Tut mir leid, wann würde es dir denn passen?

Mal überlegen … am Morgen nicht, da halte ich meinen Vormittagsschlaf. Mittags meinen Mittagsschlaf …

… und nachmittags deinen Nachmittagsschlaf, ich verstehe schon.

Ja, und abends bin ich müde. Aber weißt du was, Oma?

Was denn?

Melde dich doch heute Nacht. Nachts bin ich oft wach und turne herum, weil es dann so schön ruhig ist.

Mein liebes Kleines, nachts schlafe ich aber.

Was machen wir denn da?

Vielleicht sollten wir uns zwischen den Zeiten treffen.

Wie meinst du das?

Ich meine, zwischen morgens und mittags, also zwischen deinem Vormittags- und deinem Nachmittagsschlaf, oder zwischen Mittag und Abend.

Ja, das ist eine prima Idee. Was ist denn jetzt gerade?

Jetzt ist gerade Nachmittag.

Und wann hört der Nachmittag auf und fängt der Abend an?

Ich denke, so zwischen 17.30 und 17.45 Uhr. Also das wäre eine ganze Viertelstunde.

Hurra, eine ganze Viertelstunde! Ja, so machen wir das. Aber was ist, wenn ich da gerade einen Zwischenschlaf halte?

Oder wenn ich da gerade beim Schreiben eingeschlafen bin?

Oma, weißt du was? Wir sollten lieber spielen.

Du hast Recht, mir raucht schon der Schädel.

Oh ja, spielen wir Feuerwehr:
tatütata
Blaulicht-anmach
Feuer-lösch
Katze-rette
ganz-nass-werd
Schlauch-wieder-zusammenroll
zur-Wache-zurückfahr
Einsatz beendet! Jetzt schnell die nasse Uniform ausziehen, sonst erkältest du dich noch.
Aber Oma, ich bin doch immer nass.
Stimmt, hatte ich vergessen.
Jetzt ist, glaube ich, Zeit für ein Zwischenschläfchen.
Dann träume süß.
Bis morgen, Oma.

24. Juli

Wie geht es dir, mein Spatzenkind?
Ach, Oma, ich habe ja so viel zu tun. Mama und ich sitzen den ganzen Tag vor diesem Dings.
Vor dem Computer?
Keine Ahnung, und dann mussten wir auch noch für dich arbeiten.
Nur kurz über einen Text lesen. Ich habe heute auch so viel Arbeit.
Und Klara erst.
Was muss sie denn machen?
Sie hat im Kindergarten ein Bild malen müssen. Das wird dann verkauft oder so.

Wie bitte?

Oder aufgehangen, ich habe das nicht genau verstanden.

Ich denke mal, sie hat im Kindergarten ein schönes Bild gemalt und das hängt jetzt dort an der Wand.

Ich glaube, ja.

Das ist doch schön.

Klara war aber ganz müde davon und ich bin es auch und Mama ist es auch.

Das ist doch verständlich. Ihr könnt ja noch an die frische Luft gehen, dann erholt ihr auch gut. Opa und ich waren auch draußen.

Das ist doch langweilig.

Ja? Was magst du denn machen?

Herumturnen oder am Daumen lutschen. Das ist lustig.

Klar, kannst du ja auch machen.

Das Dumme ist nur, wenn ich am Daumen lutsche, schlafe ich ein.

Hach, es doch sowieso Zeit für dein Zwischenschläfchen.

*Oma, du hast ja so Recht *gähn**

Und schon war das liebe kleine Spatzenkind in einem Meer von Träumen entschwunden ... und auch die Oma begab sich zur Ruhe und das um 18 Uhr am frühen Abend. Ja, wo kommen wir denn da hin?

25. Juli

Hach, war das schön heute, Omi. Nur Mama und ich, ganz allein. Ich durfte Cappuccino trinken und habe neue Schuhe bekommen.

Mein kleines Spatzenkind, wie schön. Aber deine Mama hat Cappuccino getrunken und die neuen Schuhe waren für sie.

Nein, nein, Oma, für mich, ganz bestimmt. Weil ich doch wieder joggen gehe.

Mama geht wieder laufen und du dabei natürlich mit. Und dafür braucht sie gute Schuhe.

Das sag ich doch die ganze Zeit!

Mama war heute shoppen und hat dabei einen Cappuccino getrunken.

Du darfst so etwas noch gar nicht trinken und kannst es auch gar nicht.

heul ich will nicht wieder zu klein sein *wäh*

Oh, mein Kleines. Sei doch froh, dass du noch nicht laufen musst.

Will ich aber.

Das dauert noch zwei Jahre und dann stolperst du herum.

Oma, das ist aber nicht nett.

Dein Lächeln wird hinreißend sein.

Das klingt schön.

Und du wirst ein ganz süßer kleiner Fratz sein, der alle Herzen zum Schmelzen bringt.

Haaach, jetzt wird mir ganz warm im Bäuchlein.

Also Komplimente magst du ...

Was ist denn das schon wieder? Mach einfach weiter, Oma.

Morgen, mein Schatz.

Gut, dann turne ich noch ein wenig herum. Bis morgen, Oma.

Bis morgen, Spatzenkind.

26. Juli

Hallo Oma, weißt du, wie groß ich schon bin? Schau mal: sooo groß!

Ganz toll.

Nicht wahr? Und ich kann meine Arme und Beine richtig gut bewegen. Das macht so viel Spaß. Ich tobe die ganze Zeit herum. Julian macht das ja auch, der hat heute auf den Betten im Schlafzimmer getobt und ich hier in Mamas Bauch.

Da war ja viel los bei euch.

Wir konnten nicht raus, weil es geregnet hat. Aber ich kann ja immer toben.

Da hast du Recht.

Nur einmal, da habe ich mich schrecklich erschrocken.

Warum denn?

Da hat es ganz laut geknallt. Eine Tür oder so. Hab ich es genau gehört, es war schlimm. Ich habe mich an der Nabelschnur festgehalten.

Laute Geräusche können auch sehr schlimm. Ich bin letztens auch mal aufgeweckt worden, als ein Feueralarm losging.

Oh, das hört sich schrecklich an, Oma.

War dann halb so schlimm, da es ein Fehlalarm war.

Also mein Geräusch war nicht fehl, es war ganz laut.

129

Armes Spatzenkind.

heul sowas darf man doch nicht machen, oder?

Ich denke mal, dass durch einen heftigen Windzug eine Tür zugeknallt ist.

Dann darf der Windzug das nicht machen, weil ich mich doch so erschrocken habe.

Wir sollten es dem Windzug sagen.

Mach das bitte, Oma.

Gut. Hallo Windzug, hör bitte auf, die Türen zuzuschlagen. Das erschrickt mein Enkelchen, das Spatzenkind, so sehr und dann klopft das kleine Herz ganz laut. Das will ich nicht!

Danke, Oma.

Aber bitte, gern geschehen. Ich hoffe, der Windzug hat mich gehört.

Bestimmt, Oma. Ich schlafe dann jetzt mal, damit ich in der Nacht wieder wach sein und herumtoben kann.

Mach das, bis morgen dann.

Bis morgen, Oma.

27. Juli

Guten Mittag, mein Kleines. Habe ich dich zwischen deinem Mittags- und deinem Nachmittagsschläfchen erwischt?

Nein, Oma, ich habe heute keine Zeit zum Schlafen.

Was machst du denn?

Herumturnen, toben, schwimmen und so. Kennst das ja.

Mit Einschränkung, ja. Du bist ja sehr sportlich.

Was ist sportlich?

Das ist, wenn man viel Sport treibt, so wie du. Dann bleibt man gelenkig und schlank.

Bist du das, Oma?

Schlank ja, gelenkig eigentlich weniger. Ich bin keine Sportskanone.

Das solltest du aber werden, denn wenn ich auf der Welt bin, werde ich auch viel toben. Wollen wir Sport spielen?

Sport spielen? Hört sich ulkig an, aber ja, gerne.

Ich fang an und du machst das nach, Oma.

hin- und herschwimm

Schwimmbewegungen-mach

Sehr schön, Oma. Und jetzt:

tob-tob-tob

Ich glaube, das kann ich nicht.

Einfach vom Rand abstoßen.

Ich hab aber keinen Rand.

Das ist da, wo Mama die Hand drauf hält, wenn es ihr zu wild wird.

Mein Spatzenkind, hab ich wirklich nicht. Weißt du was? Ich laufe einfach hin und her.

Ja, gut, und ich tobe hin und her.

hin- und hertob

hin- und herlauf

tob

lauf

tob

tob

tob

lauf

lauf

lauf

nach-Luft-schnapp

auch-nach-Luft-schnapp

Siehst du, du musst auch nach Luft schnappen.

Nein, Oma, ich übe nur atmen. Muss ich doch können, wenn ich zur Welt komme.

Da hast du Recht. Aber ich mache jetzt ein Schläfchen, bin müde geworden.

Ich auch. Bis morgen, Oma.

Bis morgen, meine kleine Sportskanone.

28. Juli

Spatzenkind, bist du wach?

gähn ja, aber nur ein bisschen.

Das reicht mir. Wie war dein Tag heute?

Langweilig, Oma, sowas von langweilig. Julian und Klara waren lange im Kindergarten, weil dort eine Feier war und Papa ist immer noch arbeiten. Mama hat auch gearbeitet und dabei viel telefoniert. Kannst du mir sagen, was ich dann machen soll?

Toben, turnen, schlucken üben und so?

Ja, klar, habe ich ja auch gemacht. Aber weißt du, wie das ist, wenn keiner da ist, der das sieht?

Oh ja, täglich, wenn ich allein an meinem Schreibtisch sitze und schreibe.

Ist das nicht traurig? *Wäh* ich meine, man will doch auch mal gelobt werden.

Das wirst du schon noch. Ich muss auf mein Lob auch warten, bis einer mal das Buch gelesen hat.

Soll ich dich mal loben, Oma?

Ach, nicht nötig. Aber danke, das ist sehr nett von dir.

Ich bin sehr nett, Oma. Und du? Bist du auch nett?

Denke schon.

Spielen wir das?

Klar. Fang an.

Oma, du bist die tollste Oma der Welt.

Spatzenkind, du bist das süßeste Ungeborene, das es gibt.

Oma, so lieb wie du ist keine.

Spatzenkind, so fröhlich wie du ist kein Kind.

Oma, ich hab dich sooo lieb.

Spatzenkind, du bist mein kleines, süßes Enkelchen und ich hab dich ganz doll lieb.

An dieser Stelle klinkte sich die Autorin (und remember, das bin ja ich) aus der Geschichte aus, weil sie einen Zuckerschock erlitt.

Bis demnächst in diesem Theater (hoffentlich).

29. Juli

Hallo, mein Spatzenkind. Wie sieht es aus bei dir?

Gut, Oma. Wollen wir Verstecken spielen? Darf ich anfangen? Ich weiß nämlich ein ganz tolles Versteck, da findest du mich bestimmt nicht.

Ja, fang an, Ich halte mir die Augen zu: Eins, zwei, drei …

hinter-dem-Vorhang-im-Esszimmer-versteck

133

Du kannst suchen, Oma.

Ja, wo bist du denn nur?

such

in-der-Wohnung-umhergeh

versteck-bleib

such

unter-den Esszimmertisch-guck

Wo mag mein Spatzenkind nur sein? Ach, sicher ist es in die Küche gegangen, wo Mama gerade Speck brät.

Nein, nein, ich bin doch hinter dem Vorhang!

Ach, hab ich dich.

Mist. Jetzt musst du dich verstecken, Oma.

Mach ich, halt dir die Augen zu und zähle bis zehn.

Eins, Eis, Eis, Eis …

Eis?

Ja, gab es heute zum Nachtisch.

hinter-dem-gleichen-Vorhang-versteck-wie-Spatzenkind

such

Oma, wo bist du?

such

versteckt-bleib

such

Angst-krieg

*Oma, wo bist du? Meine Oma ist weg *wääääh**

Hier bin ich doch, Kind.

Ach, ein Glück, ich habe so Angst bekommen. Du darfst dich nie wieder so doll verstecken, dass ich dich nicht finden kann.

Mach ich nie wieder, versprochen!

Der geneigte Leser bemerkt, es handelte sich um das gleiche Versteck, aber das sagen wir dem kleinen Spätzchen besser nicht, oder?

30. Juli

Huhu Oma, soll ich mal mit dir telefonieren? Ich ruf dich gleich mal an.

Hast du denn meine Nummer?

Klar, deine Nummer ist: O M A

Ja, das stimmt. Dann klingel mal durch.

klingel

Hallo Oma, ich bin's, dein Spatzenkind.

Hallo, mein Spatzenkind. Das ist aber nett, dass du mich anrufst. Gibt es Neues bei dir?

Ja ich darf morgen mit in den Kindergarten.

Isnichwahr …

Doch, morgen wird dort gefeiert und Mama backt dafür einen Kuchen. Denn bringt sie hin und ich darf mit und dann auch dort etwas spielen. Ist das nicht toll?

In der Tat, ich staune.

Ich freue mich so, Oma. Ich möchte doch so gerne in den Kindergarten gehen und vielleicht finde ich dort auch ein anderes Ungeborenes. Dann habe ich direkt einen Freund.

Das kann schon sein, wenn eine andere Mutter dort ist.

Nicht wahr? Jetzt frage ich mich nur, was ich anziehen soll.

Wenn es eine Feier gibt, was Chices.

Ich schaue mal in meinen Kleiderschrank, einen Augenblick, Oma.

wart

mit-den-Fingern-trommel

gähn

Spatzenkind?

*gähn

Ja, Oma? Oh, du bist schon da. Ich halte gerade mein Vormittagsschläfchen.

Und träume so schön. Ich träume, dass ich in den Kindergarten darf. Kannst du heute Abend wieder kommen? Ich möchte sooo gerne weiterträumen.

Natürlich. Bis später und viel Spaß bei deinem Traum.

Und so sieht der geneigte Leser, dass das Spatzenkind und die Oma selbstverständlich in der Wirklichkeit sind. Und wer etwas anderes behauptet, ja, der hat keine Phantasie.

31. Juli (Hitzewelle)

Meine Güte, ist das heiß heute.

Was ist denn heiß, Oma?

Na, sehr warm, furchtbar warm.

Wie warm, Oma?

32° im Schatten.

Wie warm ist es denn bei mir? Weißt du das?

Klar, 37° sind es in Mamas Bauch. Das sind noch 5° mehr als draußen.

Und das nennst du furchtbar? Das ist doch gemütlich und mollig warm.

Für dich, mein Spatzenkind. Ich schwitze und finde es viel zu heiß.

Dann sei froh, dass du nicht in Mamas Bauch bist.

Ich bin froh, dass wir nicht 37° haben. Das wäre mir viel zu viel.

Mir ist es das aber nicht.

Ich weiß. Und wenn du zur Welt kommst, dann wird es direkt viel zu kalt sein. Dazu haben wir dann Winter und da kann es eisig sein.

Oh nein!

Keine Sorge, du wirst direkt in warme Decken gehüllt und in ein Wärmebettchen gelegt.

Da bin ich aber froh. Ich mag es nicht kalt haben.

Später wirst du am Winter Freude haben, wenn es schneit und du Schlitten fahren oder einen Schneemann bauen kannst.

Was ist Schnee?

Gefrorenes Wasser, etwas Festes.

Meinst du, mein Wasser hier friert auch in diesem Winter und wird dann fest? Kann ich dann nicht mehr schwimmen?

Nein, keine Sorge.

Und woher willst du das wissen?

Habe ich diese Frage nicht schon einmal gehört?

Von mir bestimmt nicht.

Das wüsste ich aber ... aber wieso reden wir im schönsten Hochsommer eigentlich vom tiefsten Winter?

Weiß ich auch nicht ...

Warst du heute draußen? Haben Klara und Julian im Planschbecken geplantscht?

Das weiß ich nicht.

Hast du die ganze Zeit geschlafen?

Ja, ich bin so dolle gewachsen, Oma, und da muss ich auch mal ausruhen.

Verstehe.

Und jetzt wird es Zeit für mein Abendschläfchen.

Bevor dein Nachtschlaf beginnt?

Nein, bevor ich wieder die ganze Nacht herumtobe. Frag Mama!

Mach ich am Sonntag, wenn ihr kommt. Ich freue mich schon.

Ich mich auch, Oma. Bis morgen.

Bis morgen, mein Kleines.

1. August

Hallo Oma, ist es dir immer noch zu warm?

Oh ja, jetzt ist es noch schwül dazu geworden, denn es regnet.

Regen ist Wasser, nicht wahr?

Ja.

Also warmes Wasser, was ist daran schlimm? Ich finde es wunderbar und gar nicht zu warm.

Du hast ja auch nichts an.

Wie?

138

Ich meine, du trägst keine Kleidung, in der du schwitzen kannst.

Kleidung, was ist das?

Hose, Hemd und so.

Ach so. Wozu soll das gut sein? Du redest wieder komisch, Oma.

Meinst du? Lauf mal nackt durch die Straße ...

Bin ich denn nackt?

Klar, es sei denn, du hast eine Hose und ein Hemd an.

Ich guck mal. Nee, hab ich nicht. Ist das jetzt schlimm?

Für ein kleines Baby nicht, aber für mich wäre es fatal.

Fatal kenne ich, das ist was zum Essen.

Nein, das ist etwas Unangenehmes.

Wenn das Essen unangenehm ist? Gestern schmeckte der Pudding nicht gut. Mama hatte Salz statt Zucker genommen. War das fatal?

Ja, das kann man sagen. Oh, das kenne ich. Als ich ein Kind war, hat die Deia mal Salz statt Zucker in meinen Kakao getan.

Wer ist Deia?

Tante Dei, die hat damals schon mal auf meinen Bruder und mich aufgepasst, wenn unsere Eltern im Kino oder so waren. Das war lustig mit dem Salz, wir haben sehr gelacht.

Warst du nicht böse?

Ach wo, Deia war eine ganz liebe.

Ich möchte auch eine Deia haben.

Meine Deia ist schon lange tot. Ich weiß das, denn ich habe Blumen auf ihr Grab gelegt.

Ich guck mal, ja, da ist sie und winkt dir zu, Oma?

Ach, ja, ihr seid ja in der gleichen Welt. Grüße sie bitte zurück.

Mach ich, Oma. Sie lacht gerade über den salzigen Kakao.

Eine lustige Erinnerung.

Möchte ich auch haben.

Wirst du, ganz bestimmt. Bis morgen, mein Kleines, zum Kaffee hier bei mir.

Bis morgen, Oma, ich freue mich schon.

2. August

Herzlichen Glückwunsch zum Geburtstag, Oma.

Danke, aber ich habe gar keinen Geburtstag.

Aber deswegen habe ich dich doch besucht.

Kleines, ein Irrtum. Uroma Marianne hätte heute Geburtstag gehabt. Auf sie haben wir Kaffee getrunken.

Ach so ... *heul*

Warum weinst du denn jetzt?

Weil ich das Kaffeetrinken verschlafen habe.

Du warst doch trotzdem dabei.

Kann sein, aber wo warst du denn?

In Haus und Garten unterwegs, mit deinen Geschwistern. Ich bin gar nicht zum Kaffeetrinken gekommen.

Ich ja auch nicht ...

140

Du und Kaffee ... Milch wäre wohl besser. Aber ich habe der Mama zwei Strampelhöschen und einen Schlafanzug für dich mitgegeben.

Das ist aber lieb, Oma. Dann habe ich ja endlich was zum Anziehen.

Schön, dass du dich freust.

Klar doch, Oma.

Jetzt habe ich aber keine Zeit mehr, meine Turnstunde fängt an. Mama hat sich gerade hingelegt.

Ich weiß, ich bin heute spät dran. Dann tobe schön. Bis morgen.

Bis morgen.

3. August

Guten Abend, mein Spatzenkind. Schläfst du gerade?

Nein, Oma, es ist gerade die Zeit zwischen meinem Nachmittags- und meinem Abendschläfchen. Außerdem bin ich wach, weil Klara immer so komische Geräusche macht. Ich glaube, sie platzt.

Nein, Klara hat einen Schnupfen und muss viel niesen.

Ach so, was ist, wenn man Schnupfen hat?

Dann kommt eine wässrige Flüssigkeit aus der Nase.

In meiner Nase ist auch dauernd Wasser. Habe ich Schnupfen?

Nein, Ungeborene haben keinen.

Woher willst du das denn wissen?

Ganz einfach, weil ich noch kein Ungeborenes habe niesen hören.

Ach so, klar.

Was macht man, wenn man Schnupfen hat?

Sich die Nase putzen, mit einem Taschentuch.

Siehst du, Oma, das könnte ich ja gar nicht.

Brauchst du ja auch nicht. Du wirst noch früh genug einen Schnupfen bekommen, wenn du auf der Welt bist.

Will ich aber nicht.

Glaub ich dir, Schnupfen ist blöd.

Hast du einen, Oma?

Nein, zurzeit nicht, ein Glück. Aber ich habe schon oft Schnupfen gehabt.

Da, Klara macht schon wieder dieses komische Geräusch. Schrecklich.

Sag: „Gesundheit!"

Gesundheit!

Das hilft ihr?

Das tröstet sie.

Das ist schön.

Nun bitte keinen weiteren Satz mehr, der mit „das" anfängt.

Warum nicht?

Klingt nicht gut, wir können das besser.

Das stimmt.

Was habe ich gerade gesagt?

gähn

einschlaf

So kann man es auch machen. Schlaf schön, Kleines.

4. August

Hallo, mein Kleines. Wie war es denn heute?

Spannend, Oma. Ich bin so groß geworden und so schwer. Wir waren bei Mamas Arzt und der hat das gesagt.

Was denn?

Hörst du mir nicht zu? Ich bin so groß und so schwer und kann wunderbar turnen. Dabei weiß der gar nicht, was ich noch alles kann.

Und das wäre?

Ich kann schon atmen!

Echt jetzt?

Wenn ich es dir doch sage, Oma. Ich atme und atme.

Richtig Luft?

Ja, genau. Das, was um mich herum ist.

Ist das nicht Wasser?

Doch …

Wasser ist keine Luft.

Atmest du Wasser, Oma?

Nein, bin doch kein Fisch.

Ich aber.

Scheint mir auch so.

Ich wüsste nur gerne, wie groß und wie schwer du nun bist.

Frag halt Mama, die weiß so viel.

Alles weiß sie auch nicht, das weiß keiner.

Doch, Papa.

Dein Papa weiß alles?

Ja, hat er gestern gesagt.

Ich bekomme heute erstaunliche Dinge zu hören.

Oma, ich habe jetzt keine Zeit mehr, um mit dir zu plaudern. Mama hat es sich gemütlich gemacht, also beginnt jetzt meine Turnstunde.

Na, dann viel Spaß. Bis morgen.

rumturn bis morgen, Oma *noch-mehr-rumturn*

5. August

Oma, hast du Mama gefragt? Weißt du jetzt, wie groß und wie schwer ich bin?

Mein Schatz, ich habe gefragt, aber deine Mama wusste es nicht. Du bist nicht vermessen worden.

Hab ich doch gesagt, ich bin so groß und so schwer.

Hast du und du bist genau richtig, so wie du bist.

Du auch, Oma.

Danke schön.

Bitte schön. Ich bin übrigens ganz nass.

Das wundert mich nicht.

Woher weißt du, dass ich mit Mama im Planschbecken bin?

1. das denke ich mir, weil es heute sehr heiß ist und

2. weil du doch immer nass bist in deiner Fruchtblase.

Owei, das stimmt ja, Oma.

Du bist heute doppelt nass.

Das klingt toll.

Bist du auch irgendwas doppelt, Oma?

Eigentlich nicht, aber ich sehe manchmal doppelt.

Wann denn?

Wenn ich Zwillinge sehe oder so.

Hm ... was sind denn Zwillinge?

Das sind zwei Menschen, die zusammen Ungeborene waren und zusammen geboren werden und sich meistens unglaublich ähnlich sehen.

Kennst du welche?

Klar, und ich konnte sie nicht unterscheiden.

Dann möchte ich auch ein Zwilling sein.

Bist du aber nicht.

Du Oma?

Nein, ich bin ein Widder. Als Sternzeichen, meine ich.

Und ich?

Du wirst ein Steinbock.

Und Mama?

Ist ein Fisch. Aber dein Papa ist ein Zwilling, als Sternzeichen.

Oma, mein Kopf tut weh und meine Ohren auch.

Ich glaube, ich sage besser nichts mehr.

Ja, und ich muss noch turnen.

Dann bis morgen, mein kleiner Steinbock.

Bis morgen, meine Widder-Oma.

6. August

Hallo, mein Kleines. Wie geht es dir?

Gut, Oma. Weißt du schon das Neueste? Ich bin trocken!

Mein Schatz, wenn jemand nicht trocken ist, dann bist du es. Du meinst sicher Klara. Mama hat mir eben erzählt, dass sie keine Windeln mehr braucht. Sie ist also trocken, so sagt man.

Hach, ich habe das verwechselt. Ja, stimmt.

Klara ist groß.

Und ich bin so klein ...

Sei doch froh, du hast eine große Schwester und einen großen Bruder. Die beiden werden dir sicher mal viel helfen. So ist das, wenn man das jüngste Kind ist. Ich war auch das jüngste zuhause.

Trotzdem bin ich klein.

Ich dachte, du wärest so groß? Was ist denn, mein Kleines.

wäh weiß ich auch nicht.

Ist es dir zu warm?

Aber, Oma, mir ist es nie zu warm.

Du hast es gut. Mir ist es warm, wir haben eine Hitzewelle, typisch August. Am liebsten würde ich schwimmen gehen.

Komm doch in unser Planschbecken!

Das ist nur für Kinder.

Kannst du schwimmen?

Klar. Haben wir doch schon gespielt. Erinnerst du dich?

Stimmt. Was wollen wir heute spielen?

Wie wäre es mit Eis essen?

Uiii, das kenne ich. Klara und Julian bekommen als Nachtisch oft ein Eis. Will ich auch haben.

Gut. Was darf es denn sein? Eine Eiswaffel oder ein Eisbecher?

Eine Waffel bitte.

Schoko? Erdbeer? Vanille?

Tomate.

Tomatengeschmack? Da muss ich einmal nach-sehen. Haben wir leider nicht da. Wir wäre es mit Zitrone?

Ja, bitte.

Hier, macht 2 Euro.

Danke, mein Papa bezahlt.

Bitte und auf Wiedersehen.

schleck

schlabber

Eiswaffel-runterfallen-lass

wäh

Ich glaube, du kommst heute aus dem Weinen nicht raus.

Was soll ich tun, Oma?

Ich schlage vor, du machst ein Schläfchen. Vielleicht bist du völlig ‚über-turnt'.

gähn

schlaf

Na bitte …

7. August

Oma, schau mal, was ich kann!

Was denn, mein Kleines?

Siehst du das denn nicht? Ich winke mit meinen Armen.

Nee, kann ich nicht sehen. Du bist ja nicht beim Ultraschall.

Bin ich nicht? Ich dachte ... jetzt winke und winke ich und keiner sieht es *wäääh*

Du warst doch diese Woche mit Mama beim Arzt. So oft müsst ihr da nicht hin.

Mir kommt es aber so vor, da spricht ein Mann ganz laut und Mama antwortet immer.

Ihr seid sicher gerade beim Bäcker und Mama kauft frische Brötchen.

Nein, der Mann redet immer noch.

Ah, ich weiß, ihr seid in Mamas Bank. Sie wollte doch dorthin, um Sachen zu holen.

Ich weiß nicht, wir sind mit dem Auto gefahren.

Na dann ...

Ich winke jetzt nicht mehr. Schade.

Ja, schade. Vielleicht geht ihr gleich noch Eis essen. Das wird lustig.

Ja, das ist lustig, da wird es ganz kalt an meinem Bäuchlein.

Bei der Hitze tut das gut.

Hitze? Oma, mir ist nicht zu warm.

Ich weiß, du hast es gut.

Du aber auch, Oma. Du hast mich!

Wie wahr, mein Schatz. Und ich freue mich so auf dich.

Ich mich auch auf dich, Oma.

Ich glaube, wir fahren weiter.

Ciao, mein Kleines.

Tschüss, Oma.

8. August

Guten Morgen, Spatzenkind. Bist du schon wach?

Natürlich, Oma. Ich turne schon lange herum. Mama schläft allerdings noch. Papa, Klara und Julian auch. Nur ich bin schon wach. Bist du auch schon lange wach?

Ja, ich bin auch eine Frühaufsteherin und arbeite schon. Bin also fleißig, so wie du.

Was arbeitest du denn, Oma?

Na, ich schreibe an meinem neuen Buch. Das geht am bestens morgens, wenn es noch einigermaßen kühl ist. Wir haben ja eine Hitzewelle.

Das weiß ich doch, Oma. Ich bin ja auch den ganzen Tag im Planschbecken.

Richtig so, da könnt ihr es aushalten.

Klara sah ja toll aus.

Hast du die neuen Kleidchen gesehen?

Nein, das kann ich ja nicht, aber ich habe gehört, wie sie sich gefreut hat. Schenkst du mir auch mal Kleider?

Natürlich. Vielleicht erbst du auch die, die Klara jetzt von mir bekommen hat. Lange wird sie diese nicht tragen können. Der Sommer dauert nicht mehr so lange und im nächsten Jahr wird sie herausgewachsen sein.

Dann braucht Klara immer neue Kleider.

Ja, so ist das bei Kindern.

Bei dir auch, Oma?

Nein, ich wachse doch nicht mehr. Ich kann immer die Kleidung vom letzten Jahr noch tragen.

gähn Mama wird wach und steht auf.

Und dabei wirst du müde?

Natürlich, das schaukelt ja dann so schön.

Und frühstücken magst du nicht?

Was ist das?

Essen, das erste Essen am Morgen. Frische Brötchen, Marmelade, Kakao – lecker, sag ich dir. Ich schenke dir ein Hochstühlchen, dann kannst du immer mit am Tisch sitzen.

Danke schön, das ist nett von dir, Oma.

gäääähn

Dann schlaf mal schön, mein Kleines.

Bis morgen, Oma.

9. August

Guten Abend, mein Kleines.

Hallo, Oma.

turn

Geht es dir gut?

Natürlich. Aber Mama nicht so.

Es ist sehr warm, die Hitze macht ihr zu schaffen.

Ja, sie hat schon Eis gegessen und kalten Tee getrunken. Hat nicht geholfen. Dann haben wir auf der Couch geschlafen. Da war ein Wind. Ein doofes Geräusch. Komisch.

Das war der Ventilator. Der macht den Wind. Meiner läuft auch den ganzen Tag.

*Ich wollte eigentlich raus. Klara und Julian waren den ganzen Tag mit Papa im Planschbecken. Aber ich musste drinnen bleiben *wäh**

War sicher besser für euch, mit so einer Hitze ist nicht zu spaßen.

Spaß ist doch schön. Papa macht immer Spaß.

Ja, dein Papa ist lustig. Oh, es sieht nach Gewitter aus.

Oh nein, da habe ich doch Angst.

Halte dir die Ohren zu, wenn es donnert.

Mach ich.

So ein Mist, ich muss ins Bett.

Dann verschläfst du vielleicht das Gewitter.

Wenn ich rumturne aber nicht.

Bis morgen, Oma.

Bis morgen, schlaf schön.

10. August

Oma, weißt du was?

Was denn, mein Schatz?

Ich kann schon richtig fest greifen. Ich habe nämlich Hände. Und weißt du noch mehr?

Verrate es mir.

Ich trinke – wahrscheinlich Bier.

Bier? Bestimmt nicht. Das würde dir auch gar nicht bekommen. Du trinkst von deinem Fruchtwasser.

Aber Papa trinkt Bier, ich also auch.

Nein, mein Schatz, Bier ist nur für Erwachsene.

Was sind denn Erwachsene?

Große Leute, wie deine Mama und dein Papa und ich zum Beispiel. Dann gibt es die kleinen Leute, das sind die Kinder wie Klara und Julian.

Und ich.

Du bist ein Ungeborenes, das zählt extra.

Was bedeutet das?

Du wirst erwartet, du bist noch nicht da. Damit bist du offiziell noch kein Kind der Familie, aber man weiß schon, dass du bald da sein wirst.

Hä? Ich bin doch schon da! Du sprichst mit mir, Mama weiß genau, dass ich da bin ...

Sicher. Du zählst ja auch schon. Ach, das hat was mit den Gesetzen zu tun, da fragst am besten deinen Papa, der kennt sich da aus.

Ich weiß, Papa ist schlau.

Und wie!

Gut, dann frage ich den. Was denn eigentlich?

Meinst du, das wäre mir jetzt ganz klar? Ich glaube, das macht die Hitze, da bekommt man schnell Matsche in den Kopf.

So eine Matsche, mit der Julian gestern gespielt hat? Der hat Wasser in den Sandkasten geschüttet und Mama sagte: „Da hast du ja eine hübsche Matsche."

Ja, könnte man vergleichen.

Ich will auch Matsche haben und darin spielen.

Im nächsten Jahr, mein Schatz, gegen Ende des Sommers hockst du vielleicht auch schon im Sandkasten. Ich habe ja auch einen.

Au ja, dann besuche ich dich und matsche in deinem Sandkasten.

Entschuldige, Oma, aber meine Turnstunde fängt an.

Viel Spaß, bis morgen dann.

Bis morgen, Oma.

11. August

Oma, weißt du was?

Fing unser Gespräch nicht gestern auch schon so an?

Kann sein … aber weißt du wirklich was? Klara hat Fieber.

Ich weiß. Dein armes Schwesterchen. Schnupfen hat sie auch.

Was ist denn Fieber?

Dann ist es einem ganz heiß.

Wie jetzt bei dieser Hitzewelle?

Ja, so in etwa.

Dann ist es Klara jetzt doppelt heiß?

Ja, leider.

Sie kann doch in das Planschbecken gehen, da wird es ihr kalt.

Das darf sie mit Fieber aber nicht.

Hm, dann vielleicht Eis essen?

Sie hatte Bauchschmerzen, fällt also auch flach.

Was kann sie denn dann machen?

Bei Mama kuscheln, auf der Couch schlafen.

Das ist doch super, Oma. Das mache ich doch auch den ganzen Tag.

Das finde ich auch. Sie wird bestimmt schnell wieder gesund.

Wenn sie in Mamas Armen liegt, dann streichele ich sie ein bisschen, das kann ich nämlich schon ganz gut.

Sie wird es bestimmt merken.

Ich übe jetzt mal streicheln *streichel*

streichel-ganz-doll

Das machst du prima.

Klara-streichel

Ich mach mit *Klara-streichel*

Bis morgen, Oma. Ich will jetzt Klara streicheln.

Bis morgen, mein liebes kleines Spatzenkind.

12. August

Hallo, mein Spatzenkind. Kannst du etwas Neues?

Ja, Oma. Schau mal, ich mache meine Hände auf und zu.

Prima. Kann ich aber leider nicht sehen. Ich werde es ausprobieren, wenn du geboren bist.

Wie denn, Oma?

Dann lege ich meinen Zeigefinger in deine Hand und bin mal gespannt, ob du fest zugreifen kannst.

Das werde ich dann können. Wollen wir das spielen?

Ja, bin mal gespannt, wie dieses Spiel geht. Fang an.

Mach mir nach, Oma:

die-Hand-aufmach

Oma macht ihre linke Hand auf.

die-Hand-zusammenball

Oma ballt ihre Hand zusammen.

die-andere-Hand-aufmach

Oma macht ihre rechte Hand auf.

und-zusammenball

Genau das macht die folgsame Oma.

Wieso sagst du denn ‚linke‘ und ‚rechte‘ Hand, Oma?

Weil eine Hand meine linke und die andere meine rechte Hand ist.

Und woher weißt du das?

Das habe ich gelernt.

Hab ich das auch?

Was?

Eine linke und eine rechte Hand?

Natürlich.

Und welche ist meine rechte Hand?

Wahrscheinlich die, bei der du am Daumen lutschst.

Wieso wahrscheinlich?

Vielleicht bist du ja auch ein Linkshänder.

Was ist denn das nun wieder?

Dann bevorzugt man die linke Hand, die meisten Menschen sind Rechtshänder.

Und Mama?

Ist Rechtshänderin, und bevor du weiterfragst: dein Papa und deine Geschwister auch.

Du dann auch?

Nein, Opa und ich sind Linkshänder.

Eigentlich ist mir das ganz egal.

Ist es ja eigentlich auch.

Na, dann … übe ich mal weiter.

Mach das, mein Enkelkind.

Bis morgen, Oma.

13. August

Hallo, mein Spatzenkind.

Hallo, meine Oma. Ist es dir wieder so warm?

Und wie, die Hitzewelle will nicht vorbeigehen.

Also, mir ist es ...

... nicht zu warm, ich weiß *seufz*

Und Mama ist es auch nicht mehr schlecht.

Ist das nicht toll? Dann könnt ihr ja Eis essen, bis ihr Eiskristalle auf der Zunge habt.

Zunge? Was ist das?

Das, was du im Mund hast. Guck mal nach.

Ahja, ich hab sie. Ich streck sie mal raus. Siehst du?

Das ist aber nicht sehr höflich ...

Warum denn das nicht? Ist meine Zunge verkehrt?

Natürlich nicht, mein Schatz, aber es gehört sich nicht, jemandem die Zunge herauszustrecken.

Und warum nicht?

Das heißt so viel wie, du bist doof.

Oh, meine Oma ist aber nicht doof.

Danke.

Dann strecke ich meine Zunge wieder rein.

gähn es ist sooo langweilig hier, Klara und Julian durften wieder in den Kindergarten. Ich natürlich wieder nicht, muss mit Mama arbeiten. Das ist doof.

Dann streck doch der Arbeit deine Zunge raus.

bäääh

bäääh-bäääh-bäääh

Jetzt du, Oma.

Ich?

Klar.

Na gut.

bäääh-du-blöde-Arbeit

Danke, Oma. Jetzt geht es mir schon besser. Ich glaube, ich übe heute mal, meine Zunge herauszustrecken. Wer weiß, wofür ich das noch gebrauchen kann.

Dann mach das. Bis morgen, mein Kleines.

Bis morgen, große Oma.

14. August

*Oma, mir ist so komisch im Bäuchlein *wäh**

Warum denn, mein Kleines? Was ist los?

Ich höre was und das klingt gar nicht gut.

Was hörst du denn?

*Ich weiß nicht, wie das heißt, aber es geht so: *brumm und bumm und tschuiii**

Ich denke, du meinst ein Gewitter.

Ja, genau, das hat Mama gerade gesagt. Und in meinem Bäuchlein brummt und bummt es auch. Was ist das, Oma?

Das ist Angst, mein Kind. Du hast Angst vor dem Gewitter, weil deine Mama Angst hat. Das spürst du.

Warum denn?

Kompliziert zu erklären, besser kann ich die Angst erklären.

Mach das mal, Oma.

Also, die Angst vor Gewitter ist uralt. Früher wussten die Menschen ja nicht, was da passiert. Blitze zucken über den Himmel und es donnert ganz laut. Zudem können die Blitze Brände auslösen und etwas zerstören.

wäääh

Ich glaube, das ist nicht für Ungeborene. Daher noch mal von vorne: Ein Gewitter ist ein Naturereignis, das sehr spannend ist und im Sommer völlig normal. Du bist in eurem Haus völlig sicher, denn ihr habt einen Blitzableiter.

Ein Glück, Oma. Aber in meinem Bäuchlein ist es immer noch so komisch.

Die Angst wird bald vorbeigehen. Am besten turnst du ein wenig herum, das löst die Spannung.

Mach ich, Oma.

turn

Hier bei mir gewittert es auch gerade sehr heftig.

Hast du auch Angst?

um-die eigene-Achse-dreh

Klar. Ich habe zur Sicherheit alles Fenster geschlossen.

Ob bei uns auch alle Fenster zu sind?

auf-dem-Kopf-steh

Garantiert.

Klara hat auch Angst, Julian auch.

am-Daumen-lutsch

Verstehe ich gut.

Wir kuscheln alle mit Mama.

Richtig so.

gähn

penn

Siehe da, bei Gewitter eingeschlafen. Jaja, die Gewitterluft …

Dann wünsche ich mal meiner geneigten Leserschaft eine gute Nacht. Schlaft alle schön!

15. August

Guten Abend, mein Kleines.

*Guten Abend, Oma. Ist denn schon Abend? *gähn**

Du hast wohl geschlafen.

*Ja, Oma, ich bin so müde heute *noch-mehr-gähn**

Ich auch, das macht der Wetterumschwung.

Was ist denn das? Ach, ich weiß, schwingen ist so etwas wie drehen, stimmt's?

Ja, kann man so sagen.

*Ha, das kann ich doch auch! Schau mal *dreh**

Toll machst du das.

Jetzt du, Oma.

Oh nein, ich bin froh, dass mir nicht mehr schwindelig ist.

Mach doch mal, Oma. Dann schauen wir, wer sich am schnellsten drehen kann.

Na gut.

dreh

dreh-ganz-doll

dreh-ganz-langsam

noch-doller-dreh

hinsetz

Oma?

Ja?

Warum hast du aufgehört?

Weil du gewonnen hast.

Hurra! Ich habe gewonnen! Spielen wir das Spiel noch mal?

Bitte nicht.

Dann vielleicht auf dem Kopf stehen?

Da gewinnst du sofort.

Kannst du nicht auf dem Kopf stehen, Oma?

Bis jetzt noch nicht, aber ich kann ja mal üben.

Dann mal los, ich fang an.

schwupps-mit-dem Kopf-nach-unten

Oh wei, was habe ich da nur gesagt ...

Oma, du bist dran!

Ich mach ja schon.

so-tu-als-ob

Oma, stehst du auf dem Kopf?

Nur mit einem Bein.

Du hast gewonnen, Oma.

Wieso das denn?

Weil – auf einem Bein auf dem Kopf stehen, das kann ich nicht.

Hurra, ich habe gewonnen! Aber ehrlich, mein Schatz, das habe ich doch nur so gesagt. Es war nicht ernst gemeint.

Das war Spaß. Haha. Papa macht viel Spaß, das kenne ich.

Auf jeden Fall hat jeder einmal gewonnen.

Das ist toll.

Finde ich auch. Ein schöner Abschluss des Tages.

Dann bis morgen, Oma.

Bis morgen, Spatzenkind.

16. August

Uiii, Oma, in meinem Bäuchlein ist es schon wieder so komisch.

Mein Schatz, es gewittert ja auch schon wieder.

Wann hört das denn mal auf?

Wird noch einige Tage dauern.

Das finde ich aber gar nicht gut. Bin mit Mama auf der Couch, sie liest Märchen vor. Das ist schön.

Was denn nun … ist nicht gut oder schön?

Weiß nicht *wäh*

Dann entscheide dich später und höre dir die Märchen an.

Kennst du Märchen?

Klar. Ich schreibe ja selber welche.

Welche denn?

Zum Beispiel:

Die Geschichte von der Prinzessin, die keine Prinzessin sein wollte.

Es war einmal eine Prinzessin, die lebte in einem hübschen Schloss in einem hübschen Land, mit ihren Eltern, dem König und der Königin fröhlich und vergnügt zusammen. Sie bekam von privaten Lehrern Unterricht in alten Sprachen und neuen Wissenschaften, lernte die Harfe zu spielen und Landschaftsbilder zu zeichnen, ja, auch ein wenig zu dichten. Dazu erhielt sie eine Ausbildung darin, was eine Königin alles so tun muss, um eine gute Königin zu sein. Sie trug wunderschöne Kleider aus glänzenden Stoffen mit Glitzersteinchen und Herzen und Sternchen. Nun, sie war auch ein gutes Kind und bemühte sich, ihren Eltern Freude zu machen.

Doch ein gutes und braves Kind ist nicht immer auch ein glückliches Kind und unsere Prinzessin vermisste andere Kinder, Jungen und Mädchen, mit denen sie lachen und spielen konnte. Sie hörte davon, dass die Kinder aus dem Volk eine Schule besuchten und gemeinsam von Lehrern unterrichtet wurden. Nur sie saß allein in ihrer kleinen Schulbank und schrieb ganz allein die Hefte voll. Das war nicht lustig.

Als sie eines Tages wieder traurig in ihrem Unterricht saß, hörte sie das Lachen eines Jungen, es schien aus der Schlossküche zu kommen. Der Lehrer war gerade einmal hinausgegangen, um neue Tafelkreide zu holen, da schlich sich die Prinzessin ganz einfach und ganz heimlich hinaus und lief leise zur Küche. Sie blieb hinter der geöffneten Tür stehen und sah einen Küchenjungen, der in einem Topf rührte und dabei lauthals sang. Es war ein fröhliches Lied, das sehr ansteckend wirkte. Ja, und schon stimmte ein Küchenmädchen, das gerade Teller abwusch, mit ein. Nachdenklich ging die Prinzessin wieder zurück in ihr Unterrichtszimmer, als sie ein Schimpfen hörte: „Dir wird ich es geben, du Nichtsnutz!", und aus einem Flur stürzte ihr ein Junge entgegen, gefolgt von dem Hofschneider, der drohend eine Elle schwang.

„Hierher!", flüsterte die Prinzessin und zog den Knaben in eine versteckte Nische. Hier war er sicher, denn der wütende Lehrherr lief weiter den Korridor entlang.

„Das war lieb von dir", bedankte sich der Junge.

„Bitte, gerne geschehen. Was war den los?"

„Ach weißt du, ich mag nicht den ganzen Tag auf dem Tisch hocken und Kleidung nähen, da bin ich ausgerissen und wollte mich auf die Schlosswiese legen."

„Das ist aber doch nicht so schlimm", meinte die Königstochter.

„Doch", erwiderte der Schneiderlehrling, „denn wenn ich nicht arbeite, bekomme ich keinen Lohn, dann kann ich meiner Mutter kein Geld geben und sie kann für meine kleinen Geschwister keine Milch kaufen."

„Du musst also arbeiten?", fragte die Prinzessin erschrocken?

„Ja, und dabei würde ich lieber zur Schule gehen, anstatt bei dem alten Schneider zu sein. In der Schule ist es schön, das kannst du mir glauben."

„Ich würde auch gerne in diese Schule gehen", meinte das Mädchen.

„Dann machen wir das doch", lachte der Junge.

„Ja, Milch für deine Geschwister kann ich kommen lassen, ich bin schließlich die zukünftige Königin."

Dem Schneiderjungen war längst klar, mit wem er hier sprach, sah dann aber das Mädchen nachdenklich an: „Weißt du, in diesem Kleid kannst du unmöglich in die Schule gehen. Du brauchst ganz normale Kleider, so wie wir Kinder sie tragen. Komm mit zu mir nach Hause, ich leihe dir welche."

Und die Kinder gingen in das Haus der Mutter des Jungen und diese suchte eine Hose und ein Hemd für die neue Freundin ihres Sohnes heraus.

Nun konnte der Schulbesuch beginnen. Im Klassenzimmer traf sie auch den Küchenjungen und das Küchenmädchen.

„Habt ihr für den Schulbesuch freibekommen?", fragte sie die Kinder.

„Nein", antworteten diese, „wir müssen die Zeit am Abend nacharbeiten. Das ist schwer, weil wir dann immer so müde sind."

Da kam der Lehrer und beendete die Gespräche: „Alle setzen, bitte! Aha, wir haben eine neue Schülerin. Herzlich willkommen. Ich hoffe, du bist fleißig und wirst gut lernen. Und nun schlagt bitte eure Schreibhefte auf, wir lernen heute, wie man eine Geschichte schreibt."

Viel zu schnell verging der Unterricht und bald machten sich die Kinder auf den Heimweg. Auch die Prinzessin schlich sich nach Hause, voller Angst, was wohl die Eltern sagen würden. Richtig, die Mutter schimpfte und meinte, es gehöre sich nicht für eine Königstochter, in eine gewöhnliche Schule zu gehen und gewöhnliche Kleider zu tragen. Sie solle doch einmal Königin werden und das solle sie bitteschön lernen.

Aber ihr Vater, der König, nahm seine Tochter in Schutz: „Was unsere Tochter getan hat, war genau richtig. Sie hat einen Tag mit den Kindern aus dem Volk gelebt, mit ihnen gesprochen, gelernt und ihre

Nöte erfahren. Das ist genau das, was eine gute Königin wissen muss. Die anderen Dinge lernt sie doch auch. Du weißt ja, wie gut sie im Unterricht mitkommt."

Dann wandte er sich an seine Tochter: „Mein Kind, ich sehe, dass du nicht weiter alleine sein und mit anderen Kindern zusammen sein willst. Daher gebe ich dir die Erlaubnis, eine gewöhnliche Schule zu besuchen."

Die Prinzessin freute sich sehr. So lernte sie fortan gemeinsam mit den Kindern, freundete sich mit vielen von ihnen an und besuchte diese oft in ihrem Zuhause. Als sie später Königin wurde und die Regierungsgeschäfte übernahm, bewirkte sie viel Gutes: Kinderarbeit wurde verboten, viele Schulen wurden gebaut und es gab kostenlose Milch für alle Kinder.

In diesem Land wäre ich gerne Kind gewesen – du nicht auch?

Spatzenkind? Wärst du dort nicht auch gerne Kind? Hallo?

zzzzzzzzzz

Typisch, eingeschlafen. Mein Märchen wirkt!

17. August

Guten Abend, mein Spatzenkind. Wie geht es dir?

Gut, Oma. Aber da ist was auf meinem Kopf.

Was denn?

Ich weiß nicht, wenn ich dran ziehe, piekt es.

Ich denke, dir wachsen Haare.

Was ist denn das?

Eine natürliche Kopfbedeckung.

Und warum?

Dann ist es nicht so kalt am Kopf. Außerdem sieht es schön aus.

Hast du auch dieses Zeugs auf dem Kopf, Oma?

Ja, hab ich. Meine Haare sind ganz lang.

Meine auch?

Nein, deine noch nicht. Kann aber noch werden. Vielleicht bist du auch blond wie Klara und Julian.

Und du, Oma?

Ich bin auch blond – obwohl, jetzt wohl eher weiß als blond.

Wieso?

Weil man im Alter weiß wird, mein Schatz.

Blond, weiß, ich weiß nicht, was das bedeutet.

Ist auch nicht so wichtig. Eigentlich nur, wenn man geeignete Kleidung aussucht. So steht, zum Beispiel, Blonden blau ziemlich gut, gelb dagegen weniger.

Keine Ahnung, wovon du redest, Oma. Aber schau mal, ich kann mich ganz doll ausstrecken *streck-ganz-doll*

Super, obwohl ich das natürlich nicht sehen kann, aber ich ahne es.

Nett von dir, Oma. Kannst du dich auch strecken?

Klar, besonders, wenn ich müde bin. Dann gähne ich noch dabei

gähn-und-streck

Toll, Oma, du bist auch gut.

Vielen Dank. Ich übe ja auch schon 70 Jahre lang.

Ich doch auch.

70 Jahre lang?

*Mindestens *gähn**

Wieder müde?

gähn-und-streck

Dann schlaf mal schön, mein Kleines. Gute Nacht.

Gute Nacht, Oma. Bis morgen.

18. August

Mensch, Oma, das war ja schrecklich gestern. Mein Bäuchlein, mein Bäuchlein, das hat vielleicht gegrummelt.

Hier hat es auch gewittert. Der Himmel war so schwarz, dass ich dachte, die Welt ging unter. Dann kam ein Wolkenbruch.

Hier sind auch die Wolken gebrochen, sagte Mama. Aber sie hat die ganze Zeit Geschichten vorgelesen. Ich habe ganz doll zugehört und jetzt kann ich das auch.

Was kannst du, Geschichten vorlesen? Du kannst lesen?

Das weiß ich nicht, aber ich kann Märchen erzählen. Willst du mal hören?

Unbedingt.

*Also … hm *wäh* ich weiß nicht, wie der Anfang geht.*

Vielleicht: Es war einmal …?

Danke, Oma. Also, es war einmal ein kleines Spatzenkind. Das tobte durch Mamas Bauch und konnte fabelhaft am Daumen lutschen.

Sehr schön. Geht es noch weiter?

Sicher. Dieses kleine Spatzenkind, sein Name war übrigens Spatzenkind …

Das ist doppelt gemoppelt.

Hörst du mir jetzt zu oder nicht, Oma?

Bin schon still.

Gut so. Bei Mama muss ich nämlich auch immer still sein, wenn sie erzählt.

Dieses kleine Spatzenkind ... äh ...

wart

Dieses kleine Spatzenkind ... öhm ...

Dieses kleine Spatzenkind entdeckte eines Tages ... ich helfe dir mal auf die Sprünge.

spring

Dieses kleine Spatzenkind entdeckte eines Tages, dass es springen konnte.

In Mamas Bauch?

Wo denn sonst? Es war doch noch nicht geboren.

Es sprang also in Mamas Bauch herum und sprang und sprang und sprang ...

... und wenn es nicht gestorben ist, dann springt es noch heute.

Ganz genau, Oma. Woher weißt du das?

Einfach drauf los geraten. Eine schöne Geschichte, mein Schatz. Ich nehme sie mit auf in mein Buch.

Hurra! Dann bin ich das, was du bist?

Eine Schriftstellerin? Ja, eine ungeboren, sowas gibt es sonst nirgendwo auf der Welt.

Ist das zu fassen ...

Nein, das fasse selbst ich nicht. Ich denke, das sollten wir üben

fass

fass

Und so fassten die beiden seltsamen Schriftstellerinnen – wobei das Geschlecht der kleinen noch zu
klären wäre – soweit sie fassen konnten

Punkt

19. August

*Also, Oma, ich habe ja nur noch Grummeln in meinem
Bäuchlein. Das hört ja gar nicht mehr auf *wäh**

Mein Kleines, die Gewitter hören nicht auf. Jeden
Tag donnert und blitzt es, dazu schüttet es richtig,
manchmal hagelt es auch. Das alles hörst du.

*Nur gut, dass Mama uns so viel vorliest, Kannst du
mir bitte auch eine Geschichte erzählen? Mir grummelt es doch so sehr ...*

Natürlich. Kennst du die Geschichte von dem kleinen Spatzenkind?

Von mir?

Nein, von einem richtigen kleinen Spatz.

Aber das bin ich doch.

Spatzenkind ist nur dein Kosename. Ich möchte dir
von einem Vogelkind erzählen, das im Nest hockte
und immerzu nach unten, auf den Boden schaute.

Ach so, und warum schaute es immerzu dorthin?

Es wollte wissen, wie es auf dem Boden aussieht. Die
Bäume kannte es ja schon.

Dann wurde es Zeit, dass es fliegen lernen sollte.
Die Vogeleltern machten es ihm vor und stupsten es
dann aus dem Nest. Aber statt die Flügel auszubrei-
ten und sich dem Wind anzuvertrauen, ließ es sich
zu Boden fallen. Wäre da nicht ein kleines Mädchen
gewesen und hätte dieses Kind nicht seine Händ-

169

chen geöffnet und das Vogelkind aufgefangen, wäre es böse ausgegangen. So aber landete das Vögelchen sicher uns sanft in weichen Kinderhänden.

Und dann, Oma?

Dann hob das Menschenkind seine Hände mit dem Vogelkind zum Himmel und gab ihm einen Stups – und siehe da, das Vogelkind breitete seine Flügel aus und flog und flog und flog …

… und wenn es nicht gestorben ist, dann fliegt es heute noch. Ich weiß schon, Oma.

Richtig.

Eine schöne Geschichte und mein Bäuchlein ist ganz ruhig geworden.

Das Gewitter ist auch vorbei.

Dann will ich noch wenig turnen.

Mach das, bis morgen.

Bis morgen.

20. August

Guten Abend, mein Kleines. Geht es dir heute besser?

Oh ja, Oma. In mir grummelt gar nichts mehr. Mir geht es richtig gut.

Ja, die Gewitter sind wohl vorbei. Was hast du denn heute gemacht?

Ganz viel herumgeturnt habe ich und dann festhalten geübt.

Wie denn das?

Mit meiner Nabelschnur habe ich das geübt. Ich habe so eine Ahnung, dass ich mich ganz doll festhalten muss, sobald ich geboren bin.

Musst du nicht. Das ist ein Überbleibsel aus der Entwicklungsgeschichte der Menschheit. Früher mussten sich die kleinen Vormenschenkinder noch im Fell der Mama festkrallen.

Siehst du, ich muss es also können.

Nein, denn erstens bist du kein Vormenschenkind und zweitens hat deine Mama gar kein Fell.

Was mache ich denn dann? Wo kralle ich mich fest?

Wo nirgends, mein Schatz. Du wirst schön gemütlich in deinem Bettchen liegen.

Und wenn ich rausfalle?

Da fällst du nicht raus.

Woher willst du das denn wissen?

Kein Neugeborenes kann so herumtoben, dass es aus seinem Bett fällt, und außerdem hat dieses Gitter.

Ich kann aber ganz schön herumtoben.

Aber dann nicht mehr. Erst später wieder.

Und was mache ich dann die ganze Zeit?

Schlafen und trinken.

Hört sich langweilig an.

Ist nur für eine kurze Zeit, für einige Wochen.

Und dann?

Wirst du immer wacher werden, die Umwelt wahrnehmen und anfangen zu spielen.

Das hört sich schon besser an. Spielen kann ich jetzt schon gut.

Ich weiß.

spiel

spiel-ganz-viel

müde-wird

Dann schlaf mal schön.

Bis morgen, Oma.

21. August

Jetzt ist es aber bald soweit, nicht wahr, Oma?

Was meinst du denn?

Jetzt werde ich bald geboren und kann endlich meine Mama sehen.

Nein, das dauert noch, mein Kleines.

Ja, wie lange denn noch? Ich warte schon sooo lange.

Lass mich mal nachdenken ... es dauert noch genau 128 Tage, das sind noch vier Monate.

Das hört sich viel an.

Ach, die Zeit wird schon schnell vergehen und sieh es mal so, du musst noch fleißig wachsen. Jetzt bist du erst so groß wie eine Paprika.

Was ist das denn?

Ein Gemüse, etwas zum Essen.

Ich bin etwas zum Essen?

Nein, nein, eine Paprika. Nicht du.

Jetzt hast du mir aber einen Schrecken eingejagt, Oma.

Aber mein Kleines, was hast du denn für Gedanken?

Wundert dich das? Ich bin hier Tag für Tag in Mamas Bauch, kann nicht raus, muss wachsen, warten ... ach, ich weiß auch nicht ...

Vielleicht machst du dir zu viele Gedanken. Es wird dir schon gut gehen. Papa und Mama werden für dich sorgen, deine Geschwister mit dir spielen und wenn du krank wirst, wird sich ein Arzt um dich kümmern. Also, alles in Ordnung.

Du hast die Spielsachen vergessen, Oma.

Oh, tatsächlich. Also, du wirst viele Spielsachen haben: kleine und große Bausteine, einen Musikteppich, einen riesengroßen Teddybären.

Woher willst du das denn wissen?

Weil alle diese Spielsachen schon bei euch vorhanden sind. Aber du wirst auch neue bekommen. Ich gehe bald mal in einen Spielzeugladen und suche etwas Schönes für dich aus.

Das ist lieb von dir, Oma. Ich möchte dir auch etwas schenken.

Male mir doch ein Bild, wenn du einen Stift halten kannst. Das hänge ich dann bei mir auf und freue mich daran.

Au ja, das mach ich. Ganz bestimmt, Oma.

Ich freue mich schon.

Ich mich auch. Jetzt übe ich mal greifen.

Dann bis morgen.

Bis morgen, Oma.

22. August

Das war schön heute, Oma. Ich wollte gar nicht nach Hause und Klara und Julian auch nicht.

Ja, aber es war schon spät und die Rückfahrt zu euch dauert ja auch noch einige Zeit. So ein Nachmittag vergeht halt schnell …

Aber Klara war noch nicht fertig mit Spielen und Julian wollte noch Geige spielen.

173

Ich weiß, aber Mama wollte fahren. Sie war auch sehr müde.

*Komisch, ich bin gar nicht müde *turn**

Das wird deine Mama freuen.

*Meinst du? *noch-mehr-turn**

Bald bist du mit dabei und dann kannst du hier auch spielen. Ich habe noch viel Baby-Spielzeug da und auch kleine Tassen und Teller und so.

Was denn alles für Spielzeug?

Ich habe einen Baby-Kreisel, einen Baby-Ball, kleine Maracas – ach, und noch so einiges.

Was sind diese Racas?

Maracas sind Rasseln. Damit kann prima einen Rhythmus machen.

Das habe ich gehört.

Du meinst, heute im Musikzimmer? Ja, wir haben Musik gemacht, aber ohne Maracas. Damit kannst du ja den Rhythmus machen, wenn du groß genug bist.

Bin ich sicher schon bald, Oma.

Garantiert, mein Kleines.

Ich übe mal Rasseln

*ganz-doll-mit-der Nabelschnur-rassel**

Richtig so?

Ich weiß nicht ... ich hoffe es.

Weißt du was, Oma. Ich denke, das ist richtig und jetzt übe ich weiter. Bis morgen dann mal.

Bis morgen, mein Schatz.

23. August

Hallo, mein Spatzenkind! Wie geht es dir?

Hallo, Oma. Mir geht es gut. Ich übe die ganze Zeit, drehe mich, turne und lutsche am Daumen.

Das machst du richtig, übe nur schön.

Und was machst du, Oma?

Och, nichts besonders. Ich mache meinen Haushalt und schreibe an meinem Buch.

Du sag mal, was ist eigentlich Langeweile?

Wie kommst du denn darauf?

Habe ich heute gehört. Ich weiß aber nicht mehr, wer das gesagt hat.

Langeweile ist, wenn man nichts mit sich anzufangen weiß.

So ein Quatsch! Das weiß man doch immer.

Manche Menschen aber nicht.

Warum turnen die denn nicht herum? Lutschen am Daumen oder üben, zu trinken?

Vielleicht, weil sie das schon können?

Du, Oma, das ist aber gar nicht so einfach. Bis ich es mal geschaffte hatte, meinen Mund zu finden … du glaubst es nicht.

Jeder hat mal klein angefangen.

Was soll denn das heißen? Ich bin gar nicht mehr so klein.

Ich weiß, du bist so groß wie eine Paprika.

Bald werde ich so groß wie zwei Paprikas sein. Wie groß bist du denn, Oma?

Etwa zehn Paprikas groß

Uiii, das ist aber richtig groß.

Iwo, ich bin eine kleine Frau.

Finde ich aber gar nicht.

Sprechen wir uns mal wieder, wenn du mir über den Kopf gewachsen bist.

Meinst du? Ich weiß nicht …

Wirst schon sehen …

Sehen kann ich auch schon, aber ich sehe nicht, was du sagst.

seufz alles etwas kompliziert.

Das sagt Mama auch immer.

Deine Mama ist eine kluge Frau.

Möchte ich auch mal werden. Du auch?

Jetzt wird es mir zu brenzlig, da gehe ich lieber und schreibe an meinem ‚Spatzenkind‘.

Mach das, Oma, ich muss ja auch noch üben.

Bis morgen dann, mein Schatz.

Bis morgen, Oma.

24. August

Ist es wirklich kalt, Oma?

Ja, das Wetter hat umgeschlagen, es ist herbstlich und kühl geworden.

Was ist denn eigentlich kalt?

Hm, wie erkläre ich dir das … kann ich eigentlich gar nicht, denn die Kälte muss man spüren.

Wie geht das denn?

Man spürt die Kälte auf der Haut und sie kann auch an einem hochkriechen.

*Oh nein *schüttel* das hört sich schrecklich an.*

Kann es auch sein. Wenn es im Winter sehr kalt ist, kann das sehr unangenehm sein.

Dann will ich nie im Winter sein.

Mein Kleines, du kommst im Winter zur Welt.

Wie bitte? Lehne ich ab, so!

Mach das mal, geht aber nicht.

Und wenn ich nicht will?

Wie sagt Opa so schön: Du wirst gewollen.

Ich will aber nicht, dass etwas an mir hochkriecht, Oma.

Keine Bange, du wirst direkt in eine warme Decke gehüllt. Und bei euch zuhause ist es immer schön mollig warm.

Und wenn nicht?

Dann hole ich dich zu mir, einverstanden?

Du bist eine liebe Oma.

Nur Mama wird damit nicht einverstanden sein.

Dann nimm sie einfach mit.

Und Klara und Julian?

Die auch.

Und was ist mit deinem Papa?

Den auch.

Und eure Vögelchen?

Nimm sie mit, Oma.

Und wenn bei euch der Postbote klingelt? Und der Bäcker? Onkel Carsten?

Oh weh ... ich weiß auch nicht ... ist dein Haus denn so groß. Oma?

Doch, das würde schon klappen.

Dann machen wir das so, Oma.

Ich glaube, ich spendiere euch lieber einen Sack Briketts.

Au ja! Das ist was zum Spielen, nicht wahr?

Eigentlich nicht ... wechseln wir lieber das Thema.

Was ist Thema?

Oh weh, ich bin verloren.

Ich finde dich schon wieder, Oma.

Danke, mein Kleines.

*Gerne. Jetzt verliere ich mich und du suchst mich *verlier-mich**

Seltsames Spiel *such*

find

Hurra, ich bin gefunden. Ist das schön.

Hauptsache, es gefällt dir.

Und wie!

Nun muss ich aber mal am meinem Spatzenkind-Buch schreiben, sonst wird das nie fertig.

Ich helfe dir.

Vielen Dank.

Sag mir, wenn du etwas brauchst.

Mach ich. Bis morgen dann.

Bis morgen dann.

25. August

Du, Oma ...

Ja?

Was ist eigentlich Sturm?

Heftiger Wind. Warum?

Na, es ist doch Sturm, oder?

Du meinst, es stürmt? Nein, aber morgen soll ein richtiger Herbststurm kommen.

Ist das so etwas wie Gewitter?

Nein, bei einem Sturm bläst der Wind ganz heftig.

Ist das schlimm?

Mitunter ja, es können schlimmstenfalls Bäume umstürzen und Dächer abgedeckt werden.

Ich weiß nicht, was das ist, aber in meinem Bäuchlein grummelt es.

Du brauchst keine Angst zu haben, dir wird nichts passieren.

Woher willst du das denn wissen?

Weil ich weiß, dass euer Haus aus ganz festem Stein gebaut ist und in einer Reihe von vielen festen Steinhäusern steht. Da ist noch keines von umgefallen.

wäääh

Und wenn doch? Ach, ich halte mich einfach ganz doll an meiner Nabelschnur fest.

Das ist eine gute Idee.

Und woran hältst du dich fest, Oma?

An Opa.

Das ist auch eine gute Idee.

So haben wir beide etwas zum Festhalten, wenn morgen der Sturm durchrauscht.

Und dann spielen wir Sturm, ja Oma?

Machen wir, mein Kleines.

Bis morgen, Oma.

Bis morgen, Spatzenkind.

26. August

Und jetzt ist der Sturm da ... merkst du etwas davon, mein Spatzenkind?

Nein, Oma, gar nichts.

Hörst du vielleicht, wie der Sturm heult?

Hier heult nur Klara.

Oh, warum denn?

Sie will noch mehr Schokoladenpudding haben, aber sie darf nicht.

Und jetzt gibt es Theater?

Ja, genau. Was ist Theater?

Theater ist, wenn jemand ganz überzogen und dramatisch auftritt.

Verstehe ich nicht ...

Ich versuche mal, dir etwas vorzuspielen. Pass auf: Wenn der Sturm nicht bald aufhört, versinkt mein Haus noch im Erdboden und ich fliege mit einem Regeschirm hoch in die Wolken. Hilfe, ich fliege! Haltet mich fest!

Ja, hm, komisch.

Völlig übertrieben, nicht wahr?

Und das war jetzt Theater?

Ich hoffe es, ich kann das nicht so gut. Du vielleicht?

*Ich versuche es auch mal: *wäääh* ich will jetzt sofort geboren werden!*

wäh-wäh-wäh

Ja, gut.

War das richtig, Oma? Kannst du mir noch etwas Theater beibringen?

Habe ich nicht vor. Im Allgemeinen beherrschen kleine Kinder dieses Genre schon sehr gut.

Du redest wieder so komisch, Oma.

Ich will sagen, du wirst das von alleine können, besonders, wenn du etwa zwei Jahre alt bist.

Meinst du?

Ich denke schon. Aber vielleicht bist du auch keine Dramaqueen.

Bist du so eine?

Nein, habe ich kein Talent für. Solche Leute sind auch meist sehr anstrengend.

Bin ich anstrengend, Oma?

Nein, bist du nicht. Du bist ein ganz liebes Spatzenkind.

Ein Glück. Dann kann ich jetzt in Ruhe weiter turnen und üben.

Mach das. Bis morgen dann.

Bis morgen.

27. August

Du, Oma …

Ja, mein Schatz?

Was ist eigentlich Sommer?

Das Gegenteil von Winter. Im Sommer ist es schön warm, man kann ohne Jacke gehen und draußen im Garten sitzen oder spielen.

Aber ich werde doch im Winter geboren, richtig?

Ja, das ist richtig.

Warum denn eigentlich?

Weil du genau im Winter groß genug bist, um geboren zu werden.

Warum?

Man muss eine gewisse Größe und ein bestimmtes Gewicht haben, damit es einem gut geht als Säugling.

Und wenn ich das nicht habe?

Dann musst du in der Klinik bleiben, im Wärmebettchen liegen und so.

Und wenn ich nach Hause will?

Das geht dann nicht.

Das ist aber doof, da will ich lieber groß genug sein.

Und das wirst du auch. Jetzt dauert es noch vier Monate, da hast du genug Zeit, um zu wachsen und kräftig zu werden.

Ich übe ja auch immer, Oma. Ich kann sooo gut zupacken, du glaubst es nicht.

Doch, glaube ich dir.

Was kannst du denn gut, Oma?

Zupacken kann ich auch ganz gut.

Und sonst noch?

Singen kann ich ganz gut, glaube ich.

Sing mal!

la-la-la

Ich höre nix.

Bist ja auch in Neuss und ich in Wuppertal.

Ja und?

Der Weg ist zu weit. So eine Strecke kann kein Mensch mit Singen überbrücken.

Ich schon.

Ach wirklich?

Ja, willst du mal hören?

Ich bitte darum!

Mund-aufmach

Fruchwasser-schluck

hust

Ich höre nix.

hust-hust

War wohl nix.

Kommt nur von dem dummen Wasser hier.

Ach was …

Warte mal ab, wenn ich geboren bin. Ich habe eine ganz tolle und laute Stimme.

Oha! Da kann ich ja mal gespannt sein – und deine Eltern auch.

Das kann ich dir sagen …

Und die geschockte Oma trollte sich von dannen und sah dabei sorgenvoll in eine sehr, sehr laute Zukunft.

28. August

Guten Abend, mein Spatzenkind.

*Guten Abend, Oma *gähn**

Oh, habe ich dich geweckt?

Ja, hast du.

Tut mir leid …

Nicht so schlimm, wenn du mich nicht geweckt hättest, hätte ich glatt meinen Vorabendschlaf verschlafen.

Das entbehrt einer gewissen Logik.

Wie? Verstehe ich nicht. Aber egal, bin jetzt wach und habe eine Frage.

Und die wäre?

Was sind eigentlich Avögel?

Wie meinen?

Avögel meine ich. Wir haben hier welche im Haus und das ist gar nicht gut.

Ich weiß nicht, was Avögel sind.

Mama meinte aber, du hättest sie schon oft gehabt.

Lass mich mal überlegen ... meinst du vielleicht Ameisen?

Ja, genau.

Meisen sind Vögel ... ah, jetzt verstehe ich. Ja, ich weiß, was Ameisen sind: ganz kleine Insekten. Und stimmt, die habe ich schon oft hier im Haus gehabt und das ist gar nicht gut.

Sagt Mama auch. Sie streut glaube ich Kuchen, damit die weggehen.

Kuchen?

Ja, hat sie gesagt.

Du meinst vielleicht Backpulver, damit kann man sie tatsächlich loswerden.

Ganz genau, Backpulver. Das ist doch Kuchen, oder?

Wenn man noch Mehl, Eier, Zucker und Gewürze hinzufügt schon.

Siehst du, Mama streut Kuchen.

Wenn sie das wirklich machen würde, würdet ihr von Ameisen überrannt werden.

Ameisen mögen nämlich Kuchen.

Warum streut Mama das denn?

Tut sie ja gar nicht.

Tut sie ja doch, hast du doch selber gesagt.

Hab ich gar nicht.

Hast du doch.

Nein.

Doch!

Bist du auf Krawall gebürstet?

*Ich habe gar keine Bürste *bääätsch**

Ich glaube, ich gehe lieber und schreibe an meinem Buch.

bäääh

wäääh

Was ist denn eigentlich los?

heul

Komm, mein Kleines, es ist alles gut.

schnüff

Wirklich, alles ist gut.

gähn

Uiii, anstrengend heute. Wie wäre es mit einem Zwischenschläfchen? So zwischen Vorabend- und Abendschläfchen?

*Gute Idee, mach ich *noch-mehr-gähn**

penn

Ich glaube, das Kind war einfach müde …

… dachte die Oma und trollte sich leise von dannen.

29. August

Was ist das für ein Klopfen, Oma?

Hörst du das? Opa repariert den Wasserhahn im Bad.

Klar höre ich das.

Geht doch gar nicht, da liegen doch 30 Kilometer zwischen.

Na und? Zwischen dir und mir liegen vier Monate, bis ich überhaupt mal da bin.

Stimmt, die Voraussetzung ist falsch, daher ist jede Folgerung richtig.

Natürlich bin ich richtig, Oma!

Entschuldige.

Was ist denn ein Wasserhahn?

Der Verschluss einer Wasserleitung.

Wasser habe ich hier genug, ich schwimme ja darin herum, aber einen Verschluss habe ich noch nie gesehen.

Du hast bei dir auch keinen Wasserhahn. Aber in eurem Bad, oder in der Küche habt ihr einen.

Glaub ich aber nicht.

Wirst du schon sehen.

Na gut. Ist Opa fertig?

Nein, er holt gerade ein Ersatzteil.

Warum repapiert er denn eigentlich?

Repariert, mein Schatz, es heißt repariert. Oh, jetzt spritzt das Wasser. Nicht gut. Wo ist Opa?

Was ist denn los?

Überschwemmung, zum Glück in der Badewanne.

OOOOOpppppppppppppaaaaaaaaaa !!!

Danke, mein Schatz. Wenn er das nicht hört ...

Hat er das gehört?

Ja, er kam mit einem Putzlappen und wischt jetzt auf.

Das ist aber nett.

Opa ist immer nett. So, Opa ist schon fertig. Der neue Wasserhahn ist prima.

Schon fertig?

Opa hatte den Turbo eingeschaltet.

Wie geht das?

Ganz schnell sein.

Kann ich auch *dreh-dreh-dreh*

super-schnell-dreh

Klasse, du bist die Enkelin deines Großvaters. Den nächsten Wasserhahn baust du ein.

Mach ich, Oma.

Dann bis morgen.

Bis morgen.

30. August

Guten Abend, mein Spatzenkind. Wie geht es dir?

Gut, Oma.

Das ist schön.

Nur bin ich leider im Krankenhaus.

Wie bitte? Was ist denn los?

Klara hat sich den Finger geklemmt und wird nun operiert.

Meine Güte ... wann ist das denn passiert?

Im Winter, glaube ich.

Jetzt verstehe ich gar nichts mehr.

*Ich doch auch nicht *heul**

Dann mal der Reihe nach.

Welche Reihe meinst du?

Ich meine die zeitliche Reihe. Wann hat Klara sich den Finger geklemmt?

Da war sie wohl zwei Jahre alt, hat Mama erzählt. Und sie musste ins Krankenhaus, ist aber nichts passiert.

Also keine Operation?

Doch, am Bauch, da war was gebrochen – oder war es am Ohr?

Ich glaube, du wirfst etwas durcheinander.

Ich doch nicht, das macht Julian mit den Bausteinen.

Das ist ein anderes Durcheinanderwerfen.

Jetzt verstehe ich gar nichts mehr, Oma. Aber entschuldige, Mama liest Klara und Julian eine Gute-Nacht-Geschichte vor, da will ich auch zuhören.

Also ist Klara zuhause und alles ist in Ordnung. Das freut mich. Dann bis morgen.

Bis morgen.

31. August

Huhu, Oma, schau mal, wie ich meine Hände auf- und zumachen kann.

Ganz toll.

hicks

Was ist los?

*Ich habe *hicks-hicks-hicks**

Was hast du?

hicks einen Hicks, das hörst du doch.

Ja, natürlich höre ich das, sind ja nur 30 Kilometer zwischen uns ... *kopfschüttel*

Dann musst du meinen Hicks eben hören, wenn ich bei dir bin.

Ich werde meine Ohren spitzen.

hicks

ganz-doll-hicks

Oh je, mein armes Kleines.

Gar nicht arm, ich übe doch trinken, schlucken und ausspucken.

Verstehe.

Kannst du das auch?

Was denn? Trinken und ausspucken? Klar kann ich das.

Mach mal!

Wasser-trink

Und jetzt ausspucken, Oma!

Öhm, so einfach in den Raum?

Klar, mach ich doch auch.

Das – ähm – will ich aber gar nicht.

Ich glaube, du kannst gar nicht ausspucken.

Kann ich wohl.

Dann spuck doch! Ich mache es dir vor: *ausspuck*

Ja, ja, ich weiß schon, wie das geht.

Und warum machst du es dann nicht?

Ich glaube, ich bin zu gut erzogen.

Wer hat dich denn erzogen?

Ich mich selber, meine Eltern waren nie da.

Deine Mama und dein Papa? Oh je, meine sind immer da und ich spucke immer aus.

Das ist wohl etwas anderes.

Glaub ich nicht.

Ein schwieriges Thema.

Nein, schwierig ist das nicht *ganz-doll-ausspuck*

Sagen wir: Du hast gewonnen.

Hurra!

Herzlichen Glückwunsch.

Danke. Hurra, ich habe gewonnen!

Und so kam die kleine, unschuldige Oma heil und trocken aus dieser Nummer heraus – und ihr Teppich auch.

1. September

Oma, was ist ein Herbst?

Der Herbst ist eine Jahreszeit, der Übergang vom Sommer in den Winter.

Das Laub der Bäume wird bunt und fällt schließlich herunter ...

Oh, hoffentlich nicht Mama auf den Kopf!

Keine Bange, das Laub ist ganz weich. Man kann darin herumtollen.

Das möchte ich gerne.

Glaube ich dir. Im Herbst werden die Tage kürzer und die Nächte länger.

Tag und Nacht ... verstehe ich nicht.

Kennst du aber schon, zum Beispiel am Abend, bevor die Nacht beginnt, liest Mama euch Kindern

Gute-Nacht-Geschichten vor und Klara und Julian schlafe dann.

Stimmt, kenne ich.

Und der Tag bedeutet, wach zu sein, in den Kindergarten zu gehen und so.

Wenn ich jetzt schlafe, ist es also Nacht?

Nein, du hältst ein Tagesschläfchen.

Und wenn ich wach bin, wenn Klara und Julian schlafen, ist es dann Tag?

Nein, nein, deine Schlafenszeiten sind von Tag und Nacht völlig unabhängig.

Warum denn?

Weil du ein Ungeborenes bist, da sind Schlafrhythmen noch ganz anders.

Warum denn?

Je kleiner man ist, umso mehr Schlaf braucht man.

Bist du klein?

Ja, aber ich meine jetzt eher das Lebensalter. Obwohl … ich schlafe auch gerne mittags mal ein Stündchen.

Ich auch!

Deshalb passen alte Leute und kleine Kinder auch so gut zusammen.

Juhu, wir passen gut zusammen!

Klar!

Finde ich ganz toll.

Ich auch.

Es wird Nacht.

Wieso denn? Es ist gerade mal 12 Uhr mittags.

Weil ich müde werde *gähn* und jetzt schlafen möchte.

Irgendjemand hat hier irgendwas nicht verstanden.

Ich bin das aber nicht, Oma!

Dann werde ich das wohl sein.

Bestimmt!

gähn

einschlaf

gähn

einschlaf

(Besser schlafen als nachdenken ...)

2. September

Huhu, mein Spatzenkind! Ich habe dich gesehen.

Kannst du ja gar nicht, bin doch in Netopla.

Wo? Mein Kleines, du bist in Neuss und ich habe dich wohl gesehen, auf einem Ultraschallfoto.

Ach so, ja, Mama hat mich fotografieren lassen, weil ich so süß bin. Was ist denn süß?

Süß bedeutet eigentlich, dass etwas zuckerhaltig ist. Das essen Menschen gerne, Kuchen, Schokolade und so.

Oh weh, werde ich gegessen?

Natürlich nicht, du bist nur so süß wie Schokolade.

Das klingt komisch, Oma.

Gewöhne dich dran, du wirst es noch oft hören.

Bist du süß, Oma?

Ich? Nein, ich bin eine Oma und als Oma ist man nicht süß.

Ich finde dich süß.

Danke, das ist lieb von dir.

Du bist eine süße Oma.

Jetzt hör aber auf! Ich mag Schmeicheleien nicht so.

Was ist denn Schmeicheleien?

Was du gerade machst.

Mache ich gar nicht *wääähh*

Wenn ich süß bin, bist du doch auch süß, weil du meine Oma bist. Mama ist süß, Klara ist süß, Julian ist süß, Papa ist süß.

Ach, alle sind süß? Sag das mal deinem Papa, der will bestimmt auch nicht süß sein.

Warum denn nicht?

Weil Männer das nicht so gut finden, es passt auch nicht zu ihnen.

Also ich verstehe gar nichts mehr. Warum bin ich denn dann süß?

Weil du klein bist eben.

Alles hat mit dem Kleinsein zu tun, finde ich doof *wäääh*

Trotzdem siehst du auf dem Ultraschallbild süß aus, da kannst du machen, was du willst.

Hast du auch so ein Bild von dir, Oma?

Sicher, es gibt viele Fotos von mir.

Zeig mal!

Wie denn?

Einfach so.

Na gut, hier bitte.

Du bist süß!

grins

Das wäre was, eine 70jährige Oma und so süß wie ein klitzekleines Baby. Verschieben wir das Gespräch auf nächstes Jahr, mein Kleines; oder noch besser, auf in zehn Jahren.

Machen wir, Oma, ich bin eh wieder sooo müde. Das Rumturnen wird immer schwerer.

Du wirst ja auch immer größer.

Oh ja, weißt du, was ich am liebsten habe? Wenn Mama mit Klara und Julian ein Bilderbuch liest. Das ist sooo kuschelig.

Das glaube ich dir.

gähn

Dann schlaf mal, mein Kleines. Bis morgen dann.

Bis morgen, Oma.

3. September

hust-hust

Hallo, mein Kleines. Was ist denn los?

hust-hust-hust

Geht es dir nicht gut?

Doch, mir geht es gut. Ich übe nur.

Husten?

Husten? Nein, sprechen. Julian sagt das den ganzen Tag.

Julian hat Husten, mein Spatzenkind, und husten ist nicht sprechen.

Ach so, hm, na gut, dann übe ich eben husten.

Das brauchst du nicht. Wenn du später mal Husten bekommst, hustest du von ganz alleine. Das ist ein Reflex.

Was ist ein Pefex?

Ein Reflex? Etwas, das man automatisch macht. Da geht ein Reiz voraus und dann …

Was ist ein Reiz?

Zum Beispiel der Hustenreiz, oder ein Brechreiz, oder ein Lachreiz.

Mach mal vor, Oma.

Das geht nicht, es ist doch ein Reiz.

Verstehe ich nicht.

Verstehst du später.

wäääh immer später *heul*

Glaub mir, Husten- und Brechreize sind gar nicht so schön.

Und warum hat man sie dann?

Liegt an einer Krankheit, die man hat. Julian hat gerade eine Erkältungs-Krankheit und daher einen Hustenreiz.

hust ich übe trotzdem mal.

Warum denn?

Ich will eben ein gutes Kind sein, damit Mama mich lieb hat.

Deine Mama hat dich doch lieb, deshalb musst du nicht husten üben.

Oder bist du so ehrgeizig?

Geizig bin ich nicht, geizig ist Tante Frida.

Wer ist das denn?

Kennst du nicht? Ist auch besser so.

Irgendwie kommt mir das gerade wie eine Retour-kutsche vor.

Die Kutsche ist kaputt, Mama hat versucht, sie wieder zusammen zu bauen, aber da fehlen Teile.

Ja, ich weiß. Das ist die alte Kutsche von Tante Jana, da fehlen schon lange Teile. Schade.

Aber Julian hat im Keller in der großen Kiste ein Pferdchen dafür gefunden.

Oh, das ist ja prima.

Leider fehlen aber alle Räder, sagt Papa.

Das ist wieder nicht so schön.

Hast du Räder für die Kutsche, Oma?

Nein, mein Schatz, ich glaube, die gibt es gar nicht mehr. Aber sicher gibt es heute andere, neue Kutschen zu kaufen. Ich schau mal, wenn ich im Spielzeugladen bin.

Da will ich mitkommen.

Kannst du, darfst du, machen wir … im nächsten Jahr.

Hurra!

Dann mal bis morgen, mein Kleines.

Bis morgen, Oma.

4. September

Na, mein Kleines, hast du ausgehustet?

hust noch nicht, Oma.

Hustet Julian noch?

Ja, den ganzen Tag.

Oh weh, dann kann er noch nicht in den Kindergarten.

Julian baut den ganzen Tag, ich höre die kleinen Steine klicken – und Mamas CC.

PC meinst du wohl.

Kann sein, irgendetwas mit CCCCC.

Deine Mama arbeitet.

Ich ja auch.

Was arbeitest du denn?

Ich arbeite ... meinen Mund auf- und zumachen, schlucken, spucken und so.

Sehr fleißig.

Bist du auch fleißig, Oma? Arbeitest du auch?

Nicht mehr so viel, mein Schatz, ich schreibe nur noch Bücher, komponiere Lieder, spiele Gitarre und Keyboard und so.

Das ist ja nicht sehr viel.

Meinst du? Mir genügt es.

Ich will mal Fleißerin werden.

Was ist das denn?

Eine Arbeit, Oma. Kennst du nicht?

Nie gehört.

Du bist aber auch dumm.

Nana ... !

Entschuldige. Ich meinte, Fleißerin ist doch das, was Mama macht.

Wo hast du das denn gehört?

Hab ich gar nicht gehört, denke ich mir.

Ah so, verstehe.

Endlich.

Deine Mama ist Mathematikerin, nur mal so gesagt.

Fleißerin hört sich aber hübscher an.

Unbestritten.

Also dann, ich werde eine Fleißerin wie Mama.

Ich werde es ihr sagen.

Mach das, Oma. Sie soll es ja schließlich wissen.

Unbedingt.

gähn

Schon wieder müde?

Ja, üben macht müde.

Dann halte mal ein Schläfchen, bis morgen.

Bis morgen, Oma.

5. September

Hallo, mein Spatzenkind.

Oma, wollen wir was spielen?

Klar!

Rumturnen?

Und wer gewinnt?

Wer seinen Fuß in den Mund stecken kann.

Du hast gewonnen, das kann ich nicht.

Fuß-in-den-Mund-steck

Hurra, ich habe gewonnen. Und jetzt spielen wir, wer auf dem Kopf stehen kann.

auf-dem-Kopf-steh

Du hast wieder gewonnen, ich kann nicht auf dem Kopf stehen.

Hurra, ich habe wieder gewonnen!

Und jetzt spielen wir ‚auf dem Boden‘ gehen.

Oma-geht-ganz-lässig-hin-und-her

Uiii, das kann ich nicht. Ich habe doch gar keinen Boden hier *heul*

Dann habe ich gewonnen.

Hast du, Oma. Und jetzt spielen wir ,auf dem Rücken schwimmen'

auf-dem-Rücken-schwimm

Das kann ich, aber ich habe kein Wasser hier. Also hast du wieder gewonnen.

Hurraaaaaaaaa!!!

Herzlichen Glückwunsch, mein Kleines.

Danke, Oma. Das muss ich Mama sagen. Ich strample jetzt mal ganz doll mit meinen Beinchen, dann weiß sie Bescheid.

Mach das. Bis morgen, mein Schatz.

Bis morgen *strampel*

6. September

Guten Abend, mein Kleines. Wollen wir was spielen? Vielleicht Verstecken?

Nein.

Oder spielen wir herumturnen?

Nein.

Den dicken Zeh in den Mund stecken und du gewinnst?

Nein.

?

Nein.

Was ist los?

grmmmpf

Das heißt?

Bin sauer.

Was du nicht sagst ... warum, auf wen, auf was? Hoffentlich nicht auf mich.

Ja genau.

Was genau?

Ich finde das einfach nur doof.

Ja, was denn um alles in der Welt?

Hier herumzuhängen, ich will endlich sehen, was ist.

Mach doch die Augen auf.

Das versuche ich ja, aber es ist so schwer.

Du musst Geduld haben.

Hab ich aber nicht.

Hm ...

wäääh

sing

Schlafe, mein Kleines, schlaf ein,

die Sterne, die woll'n bei dir sein.

Der Mond, er deckt dich zur Ruh,

schließ schön die Äugelchen zu.

zzzzzzzz

Na bitte, Musik hilft immer.

7. September

Oma, singst du mir noch mal das Lied von gestern?

Ja, gerne.

sing

Schlafe, mein Kleines, schlaf ein,

die Sterne, die wollen bei dir sein.

Der Mond, er deckt dich zur Ruh,

schließ schön die Äugelchen zu.

gähn weitersingen!

Der Tag, er ist bald vorbei,

Sterne erwachen, eins, zwei drei.

Schlafe, mein Kleines, schlaf ein,

träum dich in den Himmel hinein.

Nicht aufhören! Weiter singen!

Das Christkind, es schickt bald den Storch,

er schlägt schon die Flügel, horch!

Und dann fängt dein Leben erst an,

schlaf süß und geborgen so lang.

zzzzzzz

Ja mei, wer sagt's denn. Und nun? Wie geht dieses Buch weiter?

Ach, hoffen wir einfach auf morgen.

8. September

Huhu, Oma! Spielen wir was?

Hallo, mein Kleines. Ja, gerne. Hast du eine Idee?

Klar, Verstecken. Ich fang an und du zählst.

Alles klar! Eins, zwei, drei …

Du kannst mich suchen, ich bin schon versteckt.

such

Wo mag mein Spatzenkind nur sein?

noch-mehr-such

ganz-doll-versteck

Vielleicht ist es hinter dem Vorhang
hinter-den-Vorhang-schau

Da bin ich gar nicht!

Merke ich auch gerade. Vielleicht ist mein Spatzenkind im Badezimmer.

Da bin ich auch nicht.

Vielleicht im Garten?

Nein, Oma.

Dann weiß ich auch nicht mehr weiter. Ach ja, in der Küche! Mein Enkelchen ist in der Küche, um eine Banane zu essen und hat sich dabei im Besenschrank versteckt.

Was ist eine Banane und ein Besen?

Was zum Essen und zum Fegen.

Da bin ich aber auch nicht. Du findest mich nicht, ich habe gewonnen.

Ätsch, ich bin in Mamas Bauch.

Da wäre ich gar nicht drauf gekommen.

Und jetzt will ich eine Banane und einen Besen haben.

Kriegst du, wenn du auf der Welt bist. Einen Kinderbesen habe ich hier, da haben Klara und Julian schon viel mit gefegt. Deshalb ist es ja so sauber bei mir.

Und eine Banane kaufe ich dann frisch.

Danke schön.

Bitte, gerne.

Jetzt musst du dich verstecken und ich zähle: ein Besen, eine Banane ...

versteck

Oma, wo bist du? Ach, ich weiß, du isst eine Banane und versteckst dich dabei im Besenschrank.

Ich habe gar keinen Besenschrank und nur Äpfel hier.

Dann isst du einen Besen und versteckst dich im Apfelschrank.

Und so stand nicht nur das kleine Ungeborene auf dem Kopf in Mamas Bauch, sondern auch die Welt der kleinen Oma.

9. September

Oma, wo bleibst du denn?

Entschuldige, mein Kleines, ich war unterwegs.

Wo denn?

Mit Opa in der Stadt, im Einkaufszentrum. Opa brauchte neue Hosen.

Das kenne ich, ich bin auch oft dort und bekomme neue Hosen.

Dass du öfter dort bist, glaube ich gerne, aber sicher bekommen deine Geschwister neue Hosen.

Nein, ich!

Ach ja? Wofür brauchst du die denn?

Nun, ahem, wollen wir was spielen?

Keine Antwort? Aber gut, spielen wir was.

Hosen kaufen.

Hosen kaufen? Gut, wer kauft?

Ich.

In Ordnung, dann bin ich die Verkäuferin. Guten Tag, meine Dame, was soll es denn sein?

Eine Hose bitte.

Gerne, welche Größe, welche Farbe bitte?

Klein und blau.

Hier hätte ich ein schönes Stück in Baby-Größe 50. Gefällt sie Ihnen?

Nein.

Vielleicht diese hier in Rosa?

Ja genau, vielen Dank.

Möchten Sie die Hose vielleicht anprobieren?

Was soll das denn sein?

Mal überstreifen.

Keine Streifen, die machen dick, sagt Tante Julie.

Du weißt ja genau Bescheid, mein Kleines.

Weiß ich auch, hab ja Ohren.

Wenn du geboren bist, nehme ich dich mit zum Einkaufen, dann kannst du mich beraten.

Was ist denn beraten?

Mir sagen, was gut oder schlecht ist.

Da fragst du am besten Mama, die weiß alles.

Okay, wieder zurück zum Spiel: Möchten Sie die Hose jetzt kaufen?

Ja, vielen Dank und Auf Wiedersehen.

Moment! Sie müssen noch bezahlen!

Das macht meine Oma.

Und so wurde der Shoppingtag für Oma doppelt so teuer.

10. September

Mein Spatzenkind, geht es dir gut?

Natürlich, Oma. Aber sag mal, was ist ein Termin?

Das ist eine Verabredung zu einer festen Uhrzeit, die man einhalten muss.

Wo hab ich das denn?

Du? Du hast doch keine Termine.

Doch, hab ich.

Ja, wo denn?

Das will ich doch gerade von dir wissen, Oma.

Ich überlege mal ... wo könnte so ein kleines, ungeborenes Spatzenkind Termine haben? Vielleicht dein Geburtstermin? Den solltest du nicht verpassen.

Aha. Hab ich sonst noch welche?

Höchstens deine Mama, wenn sie zur Vorsorge geht.

Da bin ich mit dabei.

Genau, das ist aber der Termin deiner Mama.

Hm, wo hab ich denn sonst noch Termine?

Als Ungeborenes? Nicht, dass ich wüsste. Erst wenn du geboren bist, dann hagelt es Termine für dich.

Welche denn?

Vorsorgeuntersuchungen, Impftermine und so.

Uiii, kommt Mama dann mit oder muss ich da alleine hin?

Natürlich gehst du mit deiner Mama dahin.

Ein Glück, ich kann ja noch nicht Auto fahren.

Du wirst schön und gemütlich in deinem Kinderwagen gefahren.

Das hört sich gut an. Kommst du auch mit, Oma?

Klar, kann ich machen.

Warst du schon mal bei einem Termin?

Bei einem? Bei dutzenden, hunderten. Ehrlich gesagt, ich mag Termine nicht sonderlich – bin immer froh, wenn ich keine habe.

Ich bin auch froh, dass ich keinen habe.

Dann sind wir beide froh.

Ja, und wie.

gähn

Ich glaube, du hast einen Termin mit dem Sandmännchen.

Wer ist das denn schon wieder?

Das sagt man so, wenn jemand müde ist. Das Sandmännchen streut den Kindern Sand in die Augen, damit sie schlafen sollen. Ist aber nur eine Geschichte.

Hast du schon mal ein Sandmännchen gesehen, Oma?

Das ist eine Frage ... ich habe schon viele Geschichten über diesen kleinen Zwerg geschrieben und sogar Lieder gemacht.

Hast du nun oder hast du nicht?

Ganz ehrlich? Nein, hab ich noch nicht.

Ich auch noch nicht.

Kommt vielleicht noch, wir sollten die Augen offen halten.

Dann können wir aber nicht schlafen.

Stimmt, also die Augen schließen.

Dann sehen wir das Sandmännchen aber nicht.

Man kann nicht alles haben, mein Kleines.

wäääh

gähn

schlaf

gähn

schlaf

Frage an das Publikum: War das Sandmännchen etwa hier? Hat jemand etwas gesehen? Hinweise bitte an die Autorin oder an das Spatzenkind.

11. September

Huhu, Oma! Ich habe das Bild gesehen.

Kannst du doch gar nicht.

Kann ich wohl!

Na gut, wie gefällt dir die neue Couch?

Geht so, ich mag lieber Rot.

Aber sie ist doch rot.

Nein!

Doch!

Na gut, aber Blau wäre schöner.

Also bitte … du musst ja nicht drauf liegen, wenn du nicht willst.

Will ich aber.

Wird dir auch gefallen. Du wirst gut darauf schlafen können.

Oh, prima, ich bin wieder so müde.

gähn

Was hast du heute denn gemacht?

Ich habe Mama beim Arbeiten geholfen.

Das ist lieb von dir. Wie hast du ihr denn geholfen?

Ich habe tefeloniert.

Telefoniert heißt das.

Ja, genau. Mit Piras und so. Und dabei habe ich gesprochen, aber ich habe das nicht verstanden.

Ich nehme an, deine Mama hat mit Paris gesprochen und dabei Englisch gesprochen.

Natürlich, ich ja auch.

Verstehe.

Kannst du auch Englisch sprechen?

Of course.

*Also, ich singe ja lieber *sing**

Unter Wasser?

blubber

Turn lieber herum.

gähn

Morgen, Oma, ich bin müde. Habe ja so viel gearbeitet mit Mama.

Dann ruh dich aus. Bis morgen, mein Schatz.

Bis morgen.

12. September

Guten Abend, mein Spatzenkind. Bist du noch wach? Ich bin etwas spät dran.

Ja, Oma, ich bin noch wach. Wo warst du denn?

Am Telefon.

Ach ja, am Tefelon, das kenne ich. Bin ich auch oft mit Mama. Hast du denn verstanden, was du gesagt hast?

Sicher, ich habe ja Deutsch gesprochen.

Das ist gut. Aber ich verstehe auch manches nicht so gut.

Du kannst ja im Bauch deiner Mama auch nicht so deutlich hören.

Das ist leider wahr. Hörst du gut, Oma?

Klar.

Klara hört manchmal sehr schlecht.

Weil sie nicht mag oder nicht kann?

Das weiß ich nicht.

Ich hoffe, du hörst mal gut, mein Kleines.

Natürlich, Oma. Ich übe doch schon ganz doll.

Wie machst du das denn?

Ich bleibe ganz ruhig, wackle noch nicht einmal mit meinen Zehen, und dann höre ich ganz viel: Papas Stimme, das Meer rauschen und so.

Ich glaube, du hörst das Blut deiner Mama rauschen und nicht das Meer.

Woher willst du das denn wissen?

Ganz einfach, du bist im Binnenland und nicht am Meer.

Und das weißt du genau?

So wahr ich deine Oma bin.

Ich höre aber wirklich sehr viel, Oma.

Das glaube ich dir ja, mein Kleines. Magst du denn auch Musik?

Singen und so? Natürlich! Ich höre am liebsten, wenn Mama singt.

Das glaube ich dir.

Ich muss jetzt mal schlafen gehen, Klara und Julian sind schon oben im Kinderzimmer.

Dann mal rasch hinterher. Bis morgen.

Bis morgen.

13. September

Guten Abend, mein Spatzenkind.

Hallo, Oma.

Ich habe heute darüber nachgedacht, wie du wohl mal heißen wirst.

Das weißt du nicht?

Nö. Du?

Klar, Spatzenkind.

Ach, mein Kleines, das ist doch nur ein Kosename.

Ich finde den aber schön.

Ist er ja auch, aber du brauchst einen richtigen Namen.

Wie Oma?

Nein, Oma ist auch ein Kosename.

Hast du einen richtigen Namen?

Ja, natürlich. Ich heiße Angelika Pauly.

Dann will ich auch so heißen.

Das geht aber nicht.

Wieso denn nicht? Das ist doch ein richtiger Name.

Das stimmt, aber du kannst mit Nachnamen nicht Pauly heißen. Du musst so heißen, wie deine Eltern heißen.

Also Mama und Papa?

Nein.

Ich verstehe gar nichts mehr …

Das glaube ich dir. Wie gefällt dir denn Sophie? Hat deine Mama neulich mal erwähnt.

Schön! Sophie Spatzenkind, gefällt mir richtig gut.

Ohne Spatzenkind natürlich.

Dann Sophie Pauly.

Geht ja nicht.

Oh nein, ich bekomme wohl nie einen richtigen Namen.

Doch natürlich, keine Bange.

Und wenn nicht?

Gibt es nicht, hat es noch nie gegeben. Jeder Mensch bekommt einen Namen.

Und dann wirst du auf diesen Namen getauft, mit einer schönen Feier.

Au ja.

Du wirst der Mittelpunkt sein. Das wird schön.

Hurra!

Ich freue mich auch schon.

Ich mich auch, ganz doll. Dann strample ich jetzt mal ganz viel, damit Mama das merkt.

Mach das, mein Kleines. Bis morgen dann.

Bis morgen.

14. September

Oma, ich dreh durch! Was ist das?

Durchdrehen? Wenn man die Nerven verliert.

Was sind die Nerven?

Die Fassung, die man verlieren kann.

Habe ich eine Fassung?

Mein Kleines, was ist denn los?

Mama und ich haben einen Termin und nichts zum Anziehen, deshalb drehen wir gerade durch. Mama hat schon noch was, aber mit mir ist das ein Problem, weil mir nichts mehr passt. Wegen meinem Bauch, weißt du.

Wegen deinem Bauch? Der ist völlig in Ordnung. Ich glaube, deiner Mama passt nichts mehr, weil ihr Bauch mit dir gewachsen ist. Sie muss etwas Neues kaufen, etwas, das größer ist und ihr besser passt.

Meinst du? Und was machen wir jetzt? Wir müssen bald los.

Oha, das ist knifflig. Vielleicht ein weites T-Shirt anziehen und darüber eine Bluse locker offen tragen?

Schon probiert, klappt nicht, haben kein T-Shirt.

Dann ein Hemd von Papa nehmen und die Ärmel umkrempeln?

Klappt auch nicht, Papas Hemden sind viel zu weit, da versinken wir beide.

Kann das gefährlich werden?

Was, das Versinken? Ach wo. Ich hab's! Tante Tina anrufen, die hat bestimmt noch Umstandskleidung im Schrank.

Geht nicht.

Warum nicht?

Mama tefeloniert gerade mit ihr, da kann sie sie doch nicht anrufen.

Völlig logisch. Aber ich sehe, deine Mama hat schon eine Lösung gefunden.

Oma, ich habe keine Zeit mehr, wir müssen los.

Zu Tante Tina?

Ja genau, woher weißt du das?

Geraten, einfach geraten.

Bis morgen, Oma, bin schon weg.

Bis morgen und viel Erfolg.

15. September

Na, habt ihr gestern noch etwas zum Anziehen gefunden?

Weiß ich nicht, ich war so müde.

Dann hast du geschlafen?

Natürlich, ich kann nicht die ganze Zeit die Augen offen halten.

Du kannst deine Augen öffnen?

Klar, habe ich dir das noch nicht erzählt? Seit gestern schon.

Nein.

Entschuldige, Oma, ich habe viel zu tun.

Und das wäre?

Herumturnen, das Schlucken üben, wachsen, hören, was Mama sagt und so.

Verstehe.

Du ahnst es ja nicht.

Was ahne ich nicht?

Was es alles zu lernen gibt.

Doch, da habe ich eine ungefähre Ahnung von.

Was kannst du denn alles, Oma?

Musik machen, Bücher schreiben, Wäsche waschen und so.

Ist auch nicht gerade viel, da solltest du aber noch mehr üben.

Und was schlägst du vor, sollte ich üben?

Zum Beispiel solltest du das Hören üben. Oder kannst du das etwa schon?

Kann ich schon.

Dann Augen aufmachen.

Kann ich auch schon.

Sitzen? Das kannst du sicher noch nicht, habe ich auch erst gestern gelernt.

Doch kann ich, habe erst letztens drei Jahre gesessen.

Drei Jahre?

War ein Witz.

Was ist ein Witz?

Eine lustige Bemerkung, die zum Lachen reizt.

Na gut, kannst du schlafen?

Klar.

Ich auch *gähn*

Das war wohl das Stichwort. Schlaf schön, bis morgen, mein fleißiges Kleines.

Bis morgen, meine Oma.

16. September

Oma, Oma! Ich kann meine Augen schon ganz toll aufmachen! Siehst du?

Schön machst du das. Was siehst du denn?

Weiß nicht, Oma. Aber es sieht toll aus. Alles so schön.

Ich wüsste gerne, was du siehst.

Und ich wüsste gerne, was du siehst, Oma.

Im Moment sehe ich nur meinen Laptop, weil ich an meinem Buch schreibe.

Das ist das, was Mama hat. Ein Cumpoputer glaube ich.

Ja, genau.

Mama schreibt auch immer, oder tefeloniert. Tefelonierst du auch, Oma?

Nicht, wenn ich arbeite. Denn dafür muss ich nicht telefonieren.

Komisch, Mama muss das immer.

Sie arbeitet ja auch oft mit Menschen, ich nicht.

Stimmt nicht, gerade arbeitest du mit mir!

Hast Recht, aber das ist ja nur fiktiv.

Du redest wieder komisch, Oma. Aber weißt du was? Ich war heute wieder im Kindergarten. Nur ganz kurz, aber ich war drin. Schön ist es da. Ich habe wild gestrampelt, weil ich dableiben wollte.

In drei Jahren darfst du dableiben, mein Kleines.

Ach egal, ich muss ja noch üben. Meine Augen bleiben nämlich nicht lange auf. Und Sitzen geht auch noch nicht so richtig.

Laufen solltest du auch können.

Oh je, ob ich das schaffe?

Natürlich, ich helfe dir dabei.

Dann hilf mit bitte sofort, wenn ich geboren bin.

Ja, mach ich. Du wirst dann das erste Neugeborene sein, das laufen kann, und kommst ins Fernsehen.

Ich will aber nach Hause kommen, zu Mama, Papa, Klara und Julian!

Dann lassen wir das mit dem Laufen.

Ja, bitte. Jetzt muss ich noch strampeln, Oma. Mir ist so danach.

Lass dich nicht aufhalten. Bis morgen dann.

Bis morgen.

17. September

Hallo, mein Kleines. Na, wieder viel zu tun heute?

Ach wo, liege mit Mama auf der Couch. Ich glaube, sie lackiert mir die Fingernägel. Was ist das denn?

Das tut sie bestimmt nicht. Ich denke, sie lackiert sich selber die Nägel.

Papa hat gestern Nägel in die Wand gehauen, aber ohne sie vorher zu lackieren.

Das ist auch etwas anderes.

Warum denn?

Fingernägel sind aus einer Hornhaut-Substanz und schützen die empfindlichen Fingerkuppen. Du hast bestimmt auch schon welche. Schau mal nach. Papas Nägel sind aus Metall und sollen irgendetwas halten, vielleicht Bilder oder so.

nachguck

Ja, hab ich!

Sicher ganz kleine.

Nein, ganz große. Bin schon ein großes Ungeborenes.

Nun ja, in der 24. Woche bist du nicht mehr ganz so winzig ... aber riesig auch noch nicht.

Meine ich ja, gibt kleinere.

Mit Sicherheit.

Lackierst du dir auch die Fingernägel, Oma?

Nein, habe ich noch nie gemacht.

Warum nicht?

Öhm, warum sollte ich?

Warum macht Mama das denn?

Das fragst du sie am besten selber.

wäh

wäääh

Kann ich doch noch nicht.

Dann frag sie halt später.

Wann denn?

Wenn du Sprechen gelernt hast.

Und wann habe ich das?

Sag mal, bist du schon im Fragealter?

Was ist das denn?

Das nehme ich jetzt mal als Bestätigung.

Endlich, Oma, ich muss nämlich noch herumturnen.

Dann bis morgen, meine kleine Fragemaus.

*Bis morgen *wink**

18. September

Oma, ich bin sauer!

Warum denn, mein Schatz?

Julian und Klara gehen zu einer Geburtstagsfeier und ich darf nicht mit.

Nun, wie sollte das auch gehen, wo du noch nicht geboren bist?

Mama könnte doch mit mir dahin gehen.

Klar, aber es ist einer Feier nur für Kinder.

Bin ich kein Kind?

Du bist ein Ungeborenes, das läuft extra.

Will ich aber nicht!

Glaub ich dir. Aber du wirst noch zu vielen Kindergeburtstagen eingeladen werden.

Woher willst du das denn wissen?

Weil ich eine Oma bin, daher!

Ja, gut. Spielen wir das?

Kindergeburtstag? Ja, machen wir.

Fang du an, bitte, ich weiß ja nicht, wie das geht.

Also, zuerst bekommst du eine Einladungskarte. Hier bitte. Da steht drauf:

**Liebes Spatzenkind, ich lade dich herzlich
zu meinem Geburtstag am Sonntag ein.
Deine Freundin Leonie**

Hurra! Und jetzt?

Musst du ein hübsches Geschenk besorgen.

hübsches-Geschenk-besorg

Und schön einpacken.

schön-einpack

Am Sonntag ziehst du dein bestes Kleidchen an.

bestes-Kleidchen-anzieh

Und nun bringt dich Mama zu der Feier. Halt! Geschenk nicht vergessen,

Geschenk-nicht-vergessen

Und jetzt?

Klingelst du, deine Freundin macht die Tür auf, und du trittst ein. Dann gibst du ihr dein Geschenk und darfst dich an den gedeckten Tisch setzen, wo schon ganz viele Kuchen und Törtchen stehen. Viele Kinder sitzen dort bereits.

an-den-Tisch-setz

Und dann?

Wird Kakao getrunken und gegessen.

Kakao-trink-und-Kuchen-ess

Und dann?

Werden Spiele gespielt, gelacht, vielleicht getanzt und gesungen.

spiel-spiel-spiel

Und dann?

Ist die Feier vorbei und deine Mama holt dich ab.

mit-Mama-nach-Hause-geh

Toll, will ich machen.

Ist ja auch was Schönes und deine Geschwister freuen sich schon ganz doll.

gähn

Macht müde, nicht wahr?

Oh ja, ich schlafe dann jetzt ein wenig, Oma. War ein schönes Spiel.

Dann bis morgen, mein Kleines.

19. September

Hallo, mein Kleines.

Hallo, Oma. Spielen wir was?

Ja, gerne.

Spielen wir Kuchen backen?

Ja, können wir machen.

Fang du an, Oma. Ich weiß noch nicht, wie das geht.

Gut, wir backen also einen Kuchen. Wir brauchen:

Eier und Schmalz

Butter und Salz

Milch und Mehl

Moment, Oma, ich komme gar nicht mit.

Also, noch einmal von vorn:

Wer will guten Kuchen backen,
der muss haben sieben Sachen:
Eier und Schmalz

Hab ich nicht.

Butter und Salz

Hab ich auch nicht.

Milch und Mehl

Schon mal gar nicht.

Safran macht den Kuchen gehl

Hilfe!!! *wäh*

Ich helfe dir, wir singen jetzt zusammen:

Backe, backe Kuchen,
der Bäcker hat gerufen

Jetzt du!

Wer will guten Kuchen backen,
der muss haben sieben Sachen:

Prima! Jetzt wieder ich:

Eier und Schmalz
Butter und Salz
Milch und Mehl

Und die letzte Zeile wir beide zusammen:

Safran macht den Kuchen gehl.
Schieb in den Ofen rein.

Und so entstand zwar kein Kuchen, aber ein wunderschöner Gesang vom Spatzenkind und seiner Oma.

Anmerkung der Autorin: Man wird ja noch träumen dürfen ...

20. September

Guten Abend, mein Spatzenkind.

Guten Abend, Oma. Ich gehe gerade mit Mama spazieren.

Wie schön, also noch frische Luft schnappen.

Nein, wir atmen ganz normal, schnappen müssen wir nicht. So wie Julian gestern den Ball schnappen wollte, den Papa ihm zuwarf.

Haben die beiden Ball gespielt?

Ja, Knieball, glaub ich.

Gibt es nicht, du meinst sicher Fußball.

Irgendwas mit einem Bein, ja, und ein Knie ist doch ein Bein, oder?

Ein Teil von einem Bein, ein Gelenk.

Hab ich aber gar nicht.

Bestimmt hast du ein Knie, hat jeder Mensch.

Ich aber nicht.

Auch Ungeborene haben ein Knie.

ich-aber-nicht

Oh weh, schlechte Laune?

Nein!

Was dann?

Weiß ich auch nicht *wäh*

Stimmungsschwankungen wohl.

Ja, genau. Das sagte Papa auch.

Da kann man nix machen.

Das sagte Papa auch.

Hat Papa irgendetwas nicht gesagt?

Nein, nein, nein.

Ich frag ja nur …

Besser nicht – das hat Mama gesagt.

Sag mal, war auch jemand still?

Ja, ich.

Klar.

Wieso?

Was soll man auch dazu sagen.

Das stimmt, Oma. Aber ich habe jetzt keine Zeit mehr, ich muss spazieren gehen.

Verstehe. Dann bis morgen.

Bis morgen.

(Und sollte ein Leser verwirrt sein ob dieses Tagebucheintrages … keine Bange, die zuständige Autorin ist es auch.)

21. September

Ach, Oma, mir geht es sooo gut!

Wie schön! Eine Veränderung zu gestern.

Ist ja auch toll heute.

Was ist denn heute so toll?

Wir sind shoppen, Mama, Klara, Julian und ich.

Das klingt tatsächlich toll.

Ja, wir sitzen gerade im Eiscafé und Mama isst ein Eis. Das ist mächtig kalt im Bäuchlein, aber es kitzelt auch so schön.

Und Klara und Julian?

Die essen beide eine Waffel mit Puderzucker.

Auch sehr lecker.

Ja, aber komisch, sagt Mama. Weil es doch so warm ist und da wollen die etwas Warmes.

Alles Geschmackssache.

Genau wie Julians neue Schuhe, die sind auch ohne Geschmack.

Wirklich?

Ja, du sollest sie mal sehen. Braun und braun und braun und braun. Braun hat ja nun mal keinen Geschmack.

Oh weh, ich habe mir letzte Woche auch braune Schuhe gekauft.

Aber Oma!

Entschuldige, aber mir gefallen sie.

Wo braun doch keinen Geschmack hat.

Was mache ich denn jetzt?

Frag Julian, Oma. Aber entschuldige du jetzt bitte, ich muss zur Toilette und ich kann ja nicht ohne Mama – oder ist es umgekehrt?

Okay, dann bis morgen.

Bis morgen, Oma. Und kaufe dir einfach Erdbeerschuhe, die haben nämlich Geschmack.

(Was nicht ganz von der Hand zu weisen wäre ...)

22. September

Spatzenkind, guten Abend. Schläfst du schon?

Nein, Oma, ich habe noch nicht fertig geturnt.

Störe ich?

Nein, kannst du mir vielleicht helfen?

Wobei denn? Doch wohl nicht beim Herumturnen ...?

Doch, Oma. Es ist nämlich so: Irgendwo stoße ich nur noch an und das macht das Drehen so schwer. Ich glaube, Mamas Bauch ist kleiner geworden. Kann das sein?

Nein, das ist nicht so, im Gegenteil: Mamas Bauch ist größer geworden und du auch. Deshalb stößt du an.

Was kann ich denn da machen?

Gar nichts, nur vorsichtiger turnen.

Das werde ich mal versuchen, Bin ich etwas schon zu groß?

Nein, noch nicht, das dauert noch einige Wochen.

Und dann? Was ist, wenn ich zu groß bin?

Dann wirst du geboren und kommst aus Mamas Bauch raus. Dann kannst du dich recken und strecken und strampeln, so viel wie du willst. Platz ist dann genug da.

Bist du sicher?

Natürlich! Und wenn dann dein Bettchen zu klein geworden ist, bekommst du ein neues. Und wenn du aus dem Kinderwagen heraus gewachsen bist …

… bekomme ich einen neuen.

Nein, dann bekommst du einen kleineren Buggy.

Also bitte, Oma. Wenn ich größer werde, soll mein Kinderwagen kleiner werden?

Ja, weil du dann kein Oberbett mehr brauchst. Du bist dann schon richtig angezogen, kannst bald ein paar Schritte laufen und so.

Aha. Hast du eigentlich auch einen Kinderwagen?

Wie jetzt … für mich etwa?

Ja.

Nein, bin doch kein Kind mehr.

Hast du vielleicht einen Oma-Wagen?

Ich könnte ein Auto haben, habe ich aber nicht. Ich gehe immer zu Fuß.

Aber wenn du einen Oma-Wagen hättest, würdest du gefahren. Opa würde dich sicher schieben.

Ja, das würde einen schönen Menschenauflauf geben. Aber einen Kinderwagen habe ich trotzdem und zwar einen für dich, wenn du ihn brauchen solltest. Habe ich im Keller stehen für alle Fälle. Stammt noch von Julian.

Hast du sonst noch was von Julian?

Ja, einen Schlafanzug, Socken …

Für mich dann?

Klar, wenn du möchtest.

Möchte ich.

Spielzeug habe ich auch noch jede Menge.

Darf ich die auch haben?

Sicher, Julian wird dann zu groß dafür sein.

Ich freue mich schon.

Ich mich auch, es wird aufregend werden.

gähn ich glaube, ich schlafe jetzt mal.

Gute Nacht, mein Kleines.

Gute Nacht, Oma, und denk noch mal über den Oma-Wagen nach!

23. September

Du, Oma?

Ja, mein Schatz?

Regnet es?

Ja.

Und was ist das bitte?

Wasser von oben, aus den Wolken.

Schönes und warmes Wasser, wie bei mir?

Nein, kaltes und meist dreckiges.

Iiiihhh ...

Finde ich auch, trotzdem gut.

Was ist denn daran gut?

Die Pflanzen brauchen den Regen, die verdursten.

Ach so, Bäume und so?

Ganz genau.

Das verstehe ich, ich verdurste aber nicht, ich trinke immer von meinem Wasser. Und weißt du was?

Was denn?

Ich mache dann Pipi.

Was du nicht sagst.

Wusstest du das?

Klar. Ist ganz normal. Macht jeder Mensch – und Tiere auch.

Auch Pflanzen?

Nein, die nicht.

Warum nicht?

Also das weiß ich wirklich nicht. Du stellst ja Fragen heute ...

Ich kann noch mehr, Oma.

Das bezweifle ich nicht.

Was ist ein Mond?

Ein Trabant, das muss reichen.

Reicht.

Was ist ein Stern?

Ein Himmelskörper.

Reicht.

Hm, du lernst aber schnell.

Und wie, du glaubst es nicht.

Ich glaube es und bin froh, wenn heute keine Fragen mehr kommen.

Wieso?

Weil es so schwierig ist, einem Ungeborenen etwas zu erklären. Da könnte ich wohl einem Außerirdischen besser Dinge erklären oder beschreiben.

Was ist ein Außerirdischer?

Hilfe …

Ich möchte eben nur so viel wissen.

Ich weiß.

Und so verging das Gespräch wissender und unwissender Weise, bis die Beteiligten müde wurden.

Gute Nacht allerseits.

24. September

Guten Abend, mein Spatzenkind. Wie doch die Zeit vergeht … jetzt haben wir schon Herbst.

Ich weiß, da fallen die Blätter von den Bäumen und so. Papa ist heute auch gefallen, dabei ist er gar kein Blatt.

Wie kam denn das?

Weiß ich nicht, habe nur ein *"Bumm* gehört und dann rief Mama: „Gresch, was hast du gemacht?"

Und was hatte dein Papa gemacht?

Das weiß ich auch nicht, kann ja nichts sehen. Dabei kann ich meine Augen schon toll auf- und zumachen. Willst du mal sehen?

Kann ich ja auch nicht.

wäääh

Sobald du geboren bist, schaue ich mir das an, versprochen.

Das ist gut, Oma.

Ist sonst heute noch was gefallen bei euch?

Nein, bei dir, Oma?

Ja, die Temperatur.

Was ist das schon wieder?

Die Temperatur sagt einem, wie kalt oder wie warm es ist. Es ist kälter geworden.

Bei uns auch, Klara sollte einen Pullover anziehen, wollte sie aber nicht.

Ich denke, sie will ihre Sommerkleidchen weiter tragen. Vielleicht mit einer Strickjacke und Strumpfhosen …

Wollte sie auch nicht, es gab Krach.

Oh je, da ging es ja so richtig rund heute bei euch.

Ja, hat das mit dem Herbst zu tun?

Sicher, das ist schon eine große Umstellung für alle.

Für mich auch?

Nein, du bist davon nicht betroffen. Aber im nächsten Jahr schon, dann wirst du warm eingepackt, wenn Mama mit dir rausgeht. Vielleicht bekommst du dann schon deine ersten Schuhe.

Geht Mama dann mit mir shoppen?

Ja sicher. Oder ich gehe mit dir. Und dann essen wir hinterher eine Waffel, um uns zu stärken.

Ich freue mich, Oma.

Ich mich auch, mein Kleines. Du und ich, Oma und Enkelin, das wird schön.

Jetzt gibt es Abendessen, das will ich nicht verpassen. Es gibt Würstchen.

Guten Appetit, wenn auch nur indirekt, mein Schatz. Bis morgen.

Bis morgen, Oma.

25. September

Jetzt ist richtig Herbst, es ist kühl geworden, es regnet, der Wind pfeift … und mir ist kalt.

Hast du keine Jacke, Oma?

Doch, hab ich. Aber irgendwie ist mir trotzdem kalt. Ich glaube, ich muss bald mal die Heizung anmachen.

Wegen mir aber nicht, Oma. Mir ist immer warm.

Das weiß ich, aber wir anderen schwimmen halt nicht im warmen Wasser.

Daher …

Und wenn ihr am Sonntag kommt, sollt ihr nicht frieren.

Wenn ich friere, Oma, hast du dann eine Jacke für mich?

Auch wenn ich nicht wüsste, wie ich sie dir anziehen sollte ... mal überlegen. Ich habe Schlafanzüge hier in verschiedenen Größen, kleine Jogginghosen. Aber eine Jacke ... leider nein. Ach, mir fällt was ein: Ich habe eine ganz kuschelige Kinderdecke da. Wäre die recht?

Au ja. Kann ich die haben?

Und schon gehört sie dir.

Danke.

Ich wickle dich im nächsten Jahr darin ein, wenn du zu Besuch kommst.

Versprochen?

Versprochen!

Und wenn es dir am Sonntag doch kalt werden sollte, dann lege ich die Decke der Mama über den Bauch.

Prima.

Dann mal bis morgen, mein Kleines.

Ist morgen schon Sonntag?

Nein, erst Samstag. Aber dann kommt der Sonntag.

Ein Glück.

Oh, ich sehe den Mond am Himmel stehen. Jetzt aber fix geschlafen, mein Spatzenkind.

Gute Nacht, Oma.

Gute Nacht, Kleines.

26. September

Hallo, Oma! Wo bist du denn?

Ich komme gerade zur Tür rein. Moment, eben den Mantel und die Schuhe ausziehen.

Wo warst du denn?

Im Spielzeugladen.

Oh, toll. Und was hast du da gemacht?

Spielzeug gekauft.

Was denn für Spielzeug?

Einen Güterzug und einen Kran für die große Eisenbahn und einen Eispalast mit kleinen Puppen und Teekanne.

Für wen?

Julian und Klara.

Schön, Oma. Und was hast du für mich gekauft?

Öhm ...

Oma?

Nun, noch nichts. Du bist ja noch gar nicht da.

Bin ich wohl! Sonst könntest du doch nicht mit mir reden.

Du bist da, aber noch nicht so richtig da.

Oma, ich höre nicht mehr zu, wenn du so komisch redest.

Spielen wir was?

Ja, gerne. Und was?

Spielzeugladen. Oma geht mit dem Spatzenkind in einen Spielzeugladen.

seufz gut.

Also, ich fange an. Wir sind im Spielzeugladen. Ich sage zu dir: „Oma, schau mal, was für eine hübsche Puppe."

Jetzt bist du dran.

Ja, ja, schon klar, habe verstanden. Also ich sage darauf: „Ja, diese Puppe ist wirklich wunderschön. Möchtest du sie haben?"

Du nickst und ich kaufe sie dir.

Genau richtig. Jetzt bin ich wieder dran: „Schau mal, Oma, was für eine schöne Spielzeug-Eisenbahn. Die fährt ja richtig von alleine."

Jetzt du wieder, Oma.

Ich wiederhole meinen obigen Satz und ersetze Puppe durch Spielzeug-Eisenbahn.

Das gilt aber nicht!

Nicht? Oh weh, dann habe ich verloren.

Hast du *grummel*

Nun sei nicht so sauer, du bekommst noch jede Menge Spielsachen von mir geschenkt, wenn du da bist.

Meinst du das ehrlich?

Natürlich. Aber weißt du, was das schönste Spiel sein wird?

Nein.

Das ist dann, wenn wir beide auf der Couch sitzen, Bilderbücher lesen und dann zusammen singen.

träum

auch-träum

Augen-zufall

leise-rausschleich

Ende der Geschichte.

27. September

Guten Abend, mein Spatzenkind. Seid ihr gut nach Hause gekommen?

grummel n'Abend

Was ist denn los?

Ich bin sauer.

Ja, kommt rüber. Sag, warum?

Warum? Du hast so toll mit Julian und Klara gespielt und ich durfte wieder mit Mama auf der Couch hocken.

Du warst mit Julian im Musikzimmer und ihr habt Musik gemacht und ich durfte mit Mama auf der Couch hocken.

Du warst mit Klara im Keller und hast mit ihr Autowerkstatt gespielt und ich ...

... durfte wieder mit Mama auf der Couch hocken. Du hast das Höhlebauen in meinem Arbeitszimmer vergessen.

Hab ich gar nicht, hab ich genau mitbekommen. Und gemalt habt ihr und Münzenraten gespielt.

Das stimmt.

Und mit mir hast du keine Minute gespielt. Hast du mich denn nicht lieb?

Doch, unbeschreiblich. Aber wie soll ich denn mit dir spielen, wenn du noch gar nicht geboren bist? Aber etwas anderes habe ich für dich getan.

Und was, bitteschön?

Ich habe Waffeln gebacken und die hat deine Mama gegessen.

Jaaa, und mein Wasser wurde so süß *hmmm*

Mama hat Waffeln mitgenommen, du bekommst morgen Nachmittag noch welche zu schmecken.

Au ja!

ganz-doll-freu

Alles wieder gut?

Ja, Oma. War ja auch gar nicht so schlecht mit Mama auf der Couch, bin glatt eingeschlafen. Und deine Couch ist so gemütlich.

Das stimmt, ich schlafe auch immer darauf ein *gähn*

Dann leg dich hin, Oma. Gute Nacht und bis morgen.

Bis morgen, mein Kleines.

28. September

Ach, Oma, Mama hat ja so eine schöne Stimme *lausch*

Ja, das hat sie wirklich.

Ich höre so gerne zu, wenn sie uns aus Bilderbücher vorliest. Das ist sooo gemütlich.

Das glaube ich dir gerne.

Dann mache ich meine Augen zu und es ist ganz dunkel.

Ich weiß, du kannst schon toll sehen und hören.

Muss ich ja können, Oma.

Stimmt, mein Kleines. Du wirst ein wundervolles Baby sein. Ich freue mich schon so auf dich.

Aber weißt du was, Oma? Ich stoße in letzter Zeit immer an und komme nicht weiter.

Ja, du wirst jeden Tag größer. Das ist doch toll.

Meinst du, ich werde so groß wie Papa?

Nö, das nicht. Ich denke, du wirst so groß wie deine Mama werden, oder ein Stückchen größer.

Oder wie Julian?

Julian ist jetzt noch ein kleiner Junge. Er kann durchaus so groß wie euer Papa werden. Aber glaube mir, klein sein hat wirklich Vorteile. Man kommt überall durch oder vorbei.

Wenn du das sagst Oma …

nuckel

Lutschst du am Daumen?

Nein, an meinen Fingerchen. Davon habe ich nämlich ganz viele, tausend oder so.

Uiii, wenn ich so viele Finger hätte, könnte ich blitzschnell Keyboard spielen.

Wenn ich auf der Welt bin, helfe ich dir dabei, Oma.

Das ist lieb von dir.

gähn

Zeit für ein Schläfchen?

Eigentlich nicht, aber Mama geht mit Klara spazieren und das schaukelt dann so hin und …

… her?

Hallo?

Wohl eingeschlafen. Na dann … sleep well.

29. September

Hallo, mein Spatzenkind! Guten Abend.

Hallo, meine Oma.

Wie geht es dir?

gähn sehr gut.

Aber müde?

noch-mehr-gähn

Ist ja auch ein ‚müdes' Wetter heute.

Ist das Wetter auch müde? So wie ich?

Ja, sagt man so. Es ist halt den ganzen Tag regnerisch, kühl und dämmrig.

Was ist dämmrig?

Dunkel, es wird nicht richtig hell heute, man muss den ganzen Tag Lampen anmachen.

Deshalb also, ich mache den ganzen Tag meine Augen weit auf, aber es ist nicht so hell wie sonst.

So ist es, so kann der Herbst sein.

Finde ich aber gar nicht schön.

Da bist du nicht alleine.

Ich bin ja auch gar nicht alleine, Oma. Ich habe Mama.

So meinte ich das nicht.

Dann sag das doch!

Werde mich bemühen.

Was hast du heute gespielt?

Recken, strecken und laufen.

Laufen?

Ja, habe ich geübt. Dann kann ich das schon, wenn ich geboren bin.

Sehr sportlich.

Ich habe heute genäht, auf meiner neuen Nähmaschine.

Ja, ja, wie am Sonntag, als ich bei dir war. Nähst du auch mal was für mich?

Wenn du auch eine Schlafanzughose hast, die zu weit ist, gerne.

Weiß ich nicht, frag Mama.

Mach ich.

Und dann nähst du mir die?

Natürlich!

Das ist lieb, Oma. Ich nähe dann mal auch was für dich.

Das ist ja noch sportlicher.

Mache ich wirklich!

In 20 Jahren glaube ich daran.

Du wirst schon sehen.

Werde ich. Dann schenke ich dir meine Nähmaschine.

Hurra!

Meine Oma hat mir auch ihre Nähmaschine geschenkt. So vererbt sich das von Enkelin zu Enkelin.

gäääähn

Du solltest mal schlafen.

Mach ich jetzt auch. Bis morgen, Oma.

Bis morgen, meine kleine Näherin.

30. September

Hallo, mein Kleines.

Hallo, Oma. Heute waren wir wieder auf dem Spielplatz.

Ja, das Wetter war heute schön. Es hat mal nicht geregnet.

Ach, Regen ist mir egal. Bin ja immer nass. Aber weißt du was?

Nein.

Ich habe auch mitgeklettert und bin mitgelaufen und habe herumgeturnt.

Im Bauch deiner Mama aber, oder?

Klar, Oma. Aber ich habe genau das gemacht, was Klara und Julian gemacht haben.

Ganz genau sicher nicht.

Ich denke schon. Das wirst du sehen, wenn wir mal auf den Spielplatz gehen und ich schon alles kann.

Kannst du auch schon zählen wie Klara?

Natürlich! Frag mich mal was.

Zähl mal bis drei.

Drei.

Und jetzt bis fünf.

Fünf.

Und du meinst, das ist zählen?

Sicher! Weißt du das denn nicht, Oma?

Doch, ich weiß, was zählen ist.

Glaub ich aber nicht. Zähl doch mal bis vier, Oma.

Eins, zwei, drei, vier.

Falsch!

Ach …

Versuche es noch einmal. Zähle mal bis eins.

Eins.

Richtig! Siehst du, du kannst es doch.

Wenn das nur nicht mein alter Professor hört …

Übe es mal bis morgen, Oma.

I'll do my very best …

1. Oktober (check-up)

Hallo, Oma.

Guten Abend, mein Kleines.

Hast du geübt?

Wie?

Zählen, Oma! Hast du das Zählen geübt?

Nein.

Warum nicht?

Weil ich das schon kann.

Gestern aber nicht.

Was meinst du, sollten wir nicht mal über Baby-Dinge reden?

Was sind denn Baby-Dinge, Oma?

Na, wenn du das nicht weißt …

Doch, weiß ich. Heute habe ich nur Baby-Dinge gemacht.

Und das war?

Mit den Beinchen strampeln. Aber das war gar nicht so einfach, denn ich stoße jetzt immer an. Das ist richtig komisch.

Nun ja, du bist halt größer geworden. Das ist doch toll.

Ist es ja auch, aber turnen geht jetzt nicht mehr so gut.

Tja …

Aber ich sehe so viel, du glaubst es nicht. Und ich kann atmen. Das muss ich doch können, oder?

Ja, aber du atmest Wasser aus und ein.

Kannst du das auch, Oma?

Nein, keine Chance, ich kann nur Luft atmen.

Wie klappt es mit dem Greifen?

Meinst du, mein Spielen mit meiner Schnur?

Ja, mit der Nabelschnur.

Mach ich praktisch den ganzen Tag.

Sehr gut.

Ich denke, ich kann schon alles.

Kommt mir auch so vor.

Dann werde ich bald geboren, oder?

Nein, du musst noch kräftiger werden.

Aha.

Zunehmen.

Was ist das?

Dicker werden.

Oh, nein! Muss ich dann auf die Waage?

Klar.

Nein, das ist ja schrecklich! Was meinst, was Papa gesagt hat, als er gestern auf die Waage ging ...

Ich ahne es.

Also das ist etwas Schreckliches.

Für dich bestimmt nicht, keine Bange.

Hast du auch Angst vor der Waage, Oma?

Nein, ich bin dünn und du wirst auch genau richtig sein. Also, nur die Ruhe, es wird schon alles gut gehen.

gähn wenn du das sagst, Oma.

Ja, sage ich, du kannst in Ruhe schlafen.

Mach ich dann mal, bis morgen, Oma.

Bis morgen.

2. Oktober

Guten Abend, mein Spatzenkind.

Guten Abend, Oma.

gähn ich bin so müde, kann aber nicht einschlafen.

Wieso kannst du nicht einschlafen?

Ohne Gute-Nacht-Geschichte kann ich das nicht.

noch-mehr-gähn

Mama hat schon Klara und Julian eine erzählt und die schlafen schon.

Dann hast du doch eine Geschichte gehört.

Eben nicht *heul* ich habe dabei geschlafen.

Das ist etwas verzwickt.

Finde ich auch.

Was machen wir denn da?

Erzähl du mir eine, Oma. Ja?

Gut, und du schläfst dann ein, okay?

Ja.

Also …

… es war einmal eine kleine Maus. Die lebte in einem großen Garten. In diesem Garten spielten am Tage Kinder und in der Nacht wachte eine Eule und passte auf, dass alle Tiere schlafen konnten. In einer Nacht aber war die Eule sehr müde und schloss zuerst das linke Auge und dann das rechte Auge. Genau in diesem Moment huschte die kleine Maus an ihr vorbei und fiepte leise. Davon wurde die Eule wieder wach und schaute sich erschrocken um. Sie erblickte die Maus und rief: „Hey, kleine Maus! Sofort huschst du in deinen Bau. Es ist Nacht und da schlafen die Tiere in diesem Garten."

Die kleine Maus erschrak sich nun ihrerseits und ...

gäääähn

... schlich leise davon zu ihrem Bau. Doch der Bau war versperrt. Eine Katze hatte sich davorgelegt und wartete auf Beute. Die Maus lief sofort in die hinterste Ecke des Gartens und ...

gääääääääääähn

Schläfst du schon, Spatzenkind?

_ _ _

... und schlüpfte durch ein Loch in der Holzwand des Gartenhauses. Dort richtete sie sich gemütlich ein und schlief süß und selig bis zum Morgen.

Und ich denke, das macht mein Spatzenkind auch.

Gute Nacht und träum schön.

3. Oktober

Hallo, mein Spatzenkind.

Hallo, Oma.

Wie ist es dir heute ergangen?

Gut, ich habe geübt und geübt.

Und was hast du geübt?

Augen auf- und zumachen, das kann ich schon richtig gut.

Das ist ja prima.

Hast du heute auch etwas geübt, Oma?

Nein.

Solltest du aber, mache ich ja auch.

Ich könnte Keyboard spielen üben, das Ave Maria von Charles Gounod. Dabei verspiele ich mich nämlich immer.

Nicht gut, Oma. Ich hoffe, du lernst es noch.

Das hoffe ich auch.

Möchtest du auch mal Keyboard spielen lernen?

Natürlich! Aber ich glaube, ich kann es schon.

Ach was ...

Doch, wirklich. Da nimmt man seine Nabelschnur und schwenkt sie hin und her.

Also ganz ohne Keyboard?

Wozu braucht man da ein Keyboard, Oma? Eine Schnur genügt. Probiere es mal aus.

Nun, diese Methode hat den Vorteil, dass man nicht von F-Moll nach B-Moll greifen muss.

Sag ich ja!

Ach was ...

Du sagst immer dasselbe, Oma.

Ach was ...

Da schlafe ich lieber ein *gähn-und- einschlaf*

Manche Gespräche sind halt kurz. Gute Nacht allerseits!

4. Oktober

Guten Abend, Spatzenkind. Wie war dein Tag?

Ist schon Abend? Hallo, Oma. Ich habe geschlafen, es war so ruhig heute.

Also habt ihr es euch heute zuhause gemütlich gemacht?

Nein, wir waren den ganzen Tag unterwegs, wandern, Spielplatz und so.

Und dann sprichst du davon, dass er ruhig war?

Natürlich, Oma. Mama ist so viel gelaufen, dass ich dauernd eingeschlafen bin. Also war es für mich ruhig.

Ja, jetzt kann ich das verstehen. Dann ist es nachher sicher sehr unruhig für dich. Ich meine, wenn deine Mama schläft in der Nacht.

Nein, dann ist meine Haupt-Turnzeit. Das müsstest du eigentlich wissen.

Ich suche nur nach der Logik, mein Kleines.

Was ist denn das? Habe ich noch nie gehört.

Das merke ich gerade.

Und du verstehst etwas davon?

Von Logik? Ich denke, ein wenig schon.

Wollen wir mal Logik spielen, Oma?

Jetzt wird es interessant, gerne.

Ich fang an: Was ist logisch, Oma: ein Apfel oder eine Banane?

Das ist leicht, eine Banane.

Richtig! Und jetzt du.

Okay, was ist logisch: Ich schlafe nachts oder ich jogge nachts?

Joggen, Oma. Macht Mama ja auch immer.

Du hast gewonnen.

Hurra!

Und ich gehe jetzt mal joggen, ist ja schon Nacht.

Bis morgen, Oma!

Bis morgen, mein Schatz.

5. Oktober

Du, Oma?

Ja, mein Schatz?

Was ist eigentlich eine Maske? Ich höre das so oft.

Du meinst sicher so einen Mund-Nasen-Schutz, den jetzt alle tragen. Dazu wird einfach ‚Maske' gesagt. Das ist nichts weiter als ein Stück Stoff, der mit einem Bändel befestigt vor Mund und Nase getragen wird. Das ist ein Schutz vor diesem Corona-Virus.

Aha, muss ich auch so eine Maske tragen, wenn ich geboren? Bindet Mama mir direkt eine um?

Nein, keine Sorge. Du sollst richtig und frei atmen, das ist für dich wichtig. Und außerdem müssen kleine Kinder keine tragen und Babys schon gar nicht.

Oh, ich möchte aber eine Maske haben, Oma.

Dann kannst du auch eine haben, kein Problem. Obwohl, so kleine gibt es wohl gar nicht.

Du hast doch diese Maschine.

Du meinst meine Nähmaschine? Ja, die hab ich.

Dann näh mir doch eine.

Das kann ich machen, aus einem hübschen Stoff mit Enten drauf vielleicht.

Nein, lieber mit Äpfeln.

Wieso Äpfel?

Klara mag so gerne Äpfel.

Verstehe, ich ja auch.

Dann also bitte mit Äpfeln.

Geht klar, ich müsste nur noch kurz Maßnehmen.

Was soll das sein?

Dein Schnütchen messen.

Mein was?

Deinen Mund, dein Kinn, deine Nase – damit die Maske dir auch passt. Ach, es ist eh Quatsch, kein Säugling trägt einen Mund-Nasen-Schutz.

Ich aber!

Das möchte ich sehen, aber gut, wenn es dein Wunsch ist ...

Dann fang schon mal an zu nähen, Oma.

Ich setze mich gleich dran, wenn du geboren bist und ich Maß genommen habe.

Ich messe mich selber mal nach: Drei, glaub ich. Genügt dir das?

Klar doch, ich rechne einfach hoch, hab ich ja in der Uni gelernt.

Und die gute Oma rechnete hoch und dann wieder runter, nach links und nach rechts und wenn der liebe Leser sich jetzt fragt, woran das Projekt Neugeborenen-Maske schlussendlich gescheitert ist ... es mangelte an Stoff mit Äpfeln drauf. Haben Sie einen? Ja? Dann bitte hier bei mir im Obersteinenfeld abgeben. Vielen Dank im Voraus.

6. Oktober

Guten Abend, mein Spatzenkind.

Hallo, Oma.

Du bist also noch wach?

Ja, du ja auch.

Ich muss ja auch noch eine Geschichte schreiben über dich.

246

Warum eigentlich?

Damit du später einmal nicht traurig bist, wenn ich keine geschrieben habe.

Wieso sollte ich traurig sein?

Nun, ich habe schon ein Buch über Julian und eines über Klara geschrieben. Und wenn ich jetzt keines über deine Zeit als Ungeborenes schreibe, könntest du traurig sein. Ich möchte meine Enkelkinder gleich halten, jedes soll ein eigenes Buch bekommen und dann noch ein Geschichtenbuch.

Ich bekomme also ein eigenes Buch?

Und ein Geschichtenbuch – das muss ich aber auch noch schreiben, wobei ich ein paar Texte schon habe.

Und was mache ich dann mit den Büchern?

Lesen.

Was ist das?

Hm, weißt du, was Buchstaben sind?

Natürlich! Die kann man essen.

Hä?

Ja, Oma, das solltest du aber eigentlich wissen. Mama kocht oft Buchstabensuppe für Klara und Julian.

Ach so, ich verstehe. Du meinst Nudeln in Buchstabenform.

Ja, genau. Also sind deine Bücher was zum Essen.

Nein.

Hä?

Kurz und prägnant.

Wie du.

Man sieht die Verwandtschaft.

Also … meine Bücher kann man nicht essen, weil die Buchstaben, aus denen sie bestehen, gedruckt und nicht aus Nudelteig gemacht sind.

Dann mach deine Bücher doch aus Nudelteig, Oma. Ich mag bestimmt Buchstaben-Nudel-Bücher.

Ja, hm, ich könnte mit meiner Verlegerin darüber sprechen.

Dann mach das doch, Oma.

Das wäre aber dann etwas ganz Neues.

Ist doch logisch, werde ich ja auch sein. Oder gab es schon ein Spatzenkind vor mir?

So eines wie dich? … bestimmt noch nicht.

Siehst du. Das wäre doch was, ein nagelneues Spatzenkind mit einem Nudel-Geschichten-Buch.

Mein Kleines, ich stelle fest, du hast die besten Ideen und bist mir in Sachen Kreativität meilenweit voraus.

Ist das jetzt gut oder schlecht, Oma?

Gut für die Nudel-Industrie, schlecht für die Druck-Industrie.

Das ist doch was.

Finde ich auch. Der Tag ist gerettet.

*Wird auch Zeit, ich bin müde *gähn**

Ich auch *gähn*

Gute Nacht, Oma.

Gute Nacht, mein Spatzenkind.

7. Oktober

Hallo, Oma.

Hallo, Spatzenkind. Wie geht es dir?

Mir geht es gut und Julian auch wieder. Der hatte Schnupfen.

Ja, hat deine Mama erzählt. Opa und ich haben auch Schnupfen.

Ich ja auch …

Du? Das kann nicht sein.

Doch, in meiner Nase ist Wasser.

Fruchtwasser, klar. Musst du auch niesen? Hatschi und so?

Nein, aber ich versuche es mal *haaa …*

Ja?

haaa …

Und jetzt *tschi*

Wieso?

Wir sprechen doch hier von ‚hatschi‘, oder?

Nein, vom Schnupfen.

Bei dem man hatschi sagt.

Ich ja nicht …

So, so, also ein Schnupfen ohne niesen?

Das weiß ich doch nicht *wäääh*

Was ist denn los?

Ich glaube, es ist das Wetter. Das hat Papa zur Mama gesagt.

Und der muss es ja wissen.

Genau. Was ist denn mit dem Wetter, Oma?

Grau-in-grau, regnerisch, kühl, windig, nicht schön. Das kann schon auf die Stimmung schlagen.

Was heißt das?

Das man schlechte Laune bekommt und sich nicht wohlfühlt. Kann das sein bei dir und Mama?

Kann sein, Oma. Was kann man da machen?

Es sich gemütlich machen, ein heißes Getränk, ein gutes Buch lesen, Musik hören und so.

Machen wir gerade.

Na dann ...

Hast du auch schlechte Laune, Oma?

Nö, hab ich eigentlich nie.

Dann komme ich zu dir.

Kannst du gerne machen. Am Sonntag zum Kaffee?

Abgemacht.

Oh, Klara hat gerade Bilderbücher geholt, wir lesen jetzt, Oma.

Dann viel Spaß, mein Kleines. Bis morgen.

*Bis morgen *wink**

8. Oktober

gäääähn es ist ja sooo langweilig.

Hallo, mein Spatzenkind. Nun, es ist allerhand los in der Welt. Bekommst du gar nichts davon mit? Ich habe schon ganz früh heute mit Mama darüber gesprochen.

Habe nix gehört ...

Hast du geschlafen?

Nein, ich habe geübt.

Und was genau?

Die Hand vor die Augen zu halten, manchmal ist es so hell. Du siehst, ich hab viel zu lernen

Ich sehe es und du machst das ganz toll.

Was ist denn los, Oma?

Ach, es geht um dieses Corona-Virus. Das macht uns allen das Leben schwer.

Schickt es doch einfach weg!

Das ist eine gute Idee.

Da hättest du aber auch drauf kommen können, Oma.

Hast ja Recht, ich versuche es jetzt mal:

Corona-Virus, verschwinde
und lass die Menschen in Ruh!

Prima! Ich mach mit:

Corona-Virus, verschwinde,
sonst frisst dich eine Kuh.

Wieso wird es von einer Kuh gefressen?

wäh ich wollte nur helfen.

Tust du ja auch, es ist ein sehr schöner Reim. Danke.

Bitte, liebe Oma. Jetzt bist du es bestimmt bald los.

Wenn noch eine Impfung dazu kommt, wird es klappen.

Siehst du *gähn* nix los hier.

Dann schlaf mal schön, mein Kleines.

Mach ich, bis morgen.

(... und die kleine Oma denkt, ich habe schon schlechter gereimt, oder?)

9. Oktober

Guten Abend, mein Spatzenkind.

Hallo, Oma. Wir haben ein neues Bilderbuch, willst du es mal lesen?

Klar, sobald ich euch besuche. Wie heißt es denn?

Miriam im Apfelbaum, glaube ich.

Ach, und es handelt von einem Mädchen, das auf einen Apfelbaum geklettert ist?

Nein, von einem Feuerwehrmann, der nachts im Schlafanzug irgendwas rettet.

Sehr interessant ... und verwirrend.

Finde ich ja auch, aber Julian und Klara gefällt es.

Na dann ...

Weißt du, welche Bilderbücher ich am liebsten habe, wenn Mama vorliest?

Sag es mir.

Von Katzen.

Ah ja, du magst also Katzen?

Nein, ich mag es nur so gerne, wenn Mama vorliest.

Also ohne Katzen geht auch?

Natürlich.

Das entbehrt einer gewissen Logik.

Oma, ich rede nicht mit dir, wenn du so komisch redest.

Entschuldige.

Welche Bilderbücher magst du denn am liebsten, Oma?

Bilderbücher über Katzen.

Genau wie ich.

Dann sind wir uns einig?

Und wie!

Das freut mich.

*Mich auch *gähn**

Schon wieder müde?

schlaf

Oha, schon eingeschlafen. Unser Gespräch war wohl nicht erhebend.

… sagte die kleine Oma – und gut, dass das Spatzenkind das nicht gehört hat.

10. Oktober

Guten Abend, Spatzenkind. Bist du da?

Natürlich, Oma. Ich habe schon gewartet.

Entschuldige, ich habe noch mit Opa geredet und mit Onkel Christian gechattet.

Und mich vergessen?

Wie könnte ich das! Ich denke so viel an dich und freue mich riesig auf dich. Jedes Mal, wenn ich draußen ein kleines Mädchen sehe, stelle ich mir vor, dass du es bist.

Das ist schön, Oma. Es dauert auch nicht mehr lange, denke ich … oder?

Zehn Wochen meine ich, aber genau weiß ich das natürlich nicht.

Ich ja auch nicht.

Kommst du dann?

Klar doch, auch wenn ich nicht weiß, ob ich ins Krankenhaus kommen darf – wegen Corona.

Ach, dieses Virus. Ist das denn immer noch da?

Leider ja. Wir müssen aufpassen, dass es dich nicht erwischt.

Wird es schon nicht, mein Kinderwagen ist schneller.

Ganz bestimmt.

Du brauchst aber auch einen Kinderwagen, Oma.

Damit mich das Virus nicht erwischt?

Ja.

Da wäre ein Auto besser, oder ein Motorrad.

Oder ein Dreirad, hat Klara ja.

Das wäre auch eine Idee, oder ein Roller. Hauptsache schnell.

saus-saus

brumm-brumm

zisch

weg-bin

Bis morgen, Oma.

Bis morgen, Kleines.

11. Oktober

Guten Abend, Oma.

Guten Abend, Spatzenkind.

Boah, ich bin fix und fertig.

Boah, ich bin fix und fertig.

Du auch?

Du auch?

Ja, ich wollte so viel üben, aber es kam immer etwas dazwischen.

Was denn?

Einmal hat Mama irgendetwas Komisches gegessen und da schmeckte mein Wasser so seltsam, da konnte ich nicht Fäustchen auf- und zumachen üben und dann war es so laut und ich weiß gar nicht warum.

Vielleicht hat jemand bei euch laute Musik gemacht?

Nein, das hätte ich gehört.

Oder jemand hat gehämmert oder so?

Ja, genau! Oder so, das war es. Und was war bei dir, Oma? Hattest du wieder Ärger mit diesem Virus?

Nein, ich hatte einen Buchblock und bin ganz verwirrt.

Das verstehe ich gut, Oma. Das bin ich auch dann immer.

Hast du auch immer Buchblöcke?

Und wie! Jede Menge. Was ist das denn?

Ein Layout.

Verstehe.

Dann bist du schlauer als ich. Dieses Layout ist mir zu hoch.

Musst mich einfach fragen, Oma, ich helfe dir schon.

Lieb von dir *einfach-frag*

einfach-helf

Und schon war das Problem gelöst. Wenn doch nur alles so einfach ginge. Aber da fragen Sie lieber meinen Verleger.

12. Oktober

Na, mein Spatzenkind, war es heute ruhiger?

*Ja, Oma, ich konnte richtig viel üben. Stell dir vor, ich *hicks**

Was denn?

hicks

hicks

hicks

Ich glaube, du hast einen Schluckauf.

Das glaube ich auch *hicks*. Was ist das *hicks* denn?

Eine Verkrampfung des Zwerchfells.

Ahso ... *hicks* und warum?

Kommt vom Trinken des Fruchtwassers. Haben aber auch Erwachsene. Ich hatte neulich auch einen Schluckauf.

Ist das doof *hicks-hicks-hicks*

Klar, ist lästig.

Was kann man denn *hicks* da machen?

Gar nichts, geht von alleine wieder weg.

Ein Glück! Stell dir vor, ich komme *hicks* damit auf die Welt. Da bekäme Mama einen Schrecken.

Ach, glaub ich nicht. Mama kennt das.

Bist du da sicher?

Klar, du bist doch nicht ihr erstes Kind.

wäh

hicks

Was ist denn?

Der Hicks ist so doof.

Geht bald vorbei.

Hurra! Jetzt ist er weg.

Wie schön! Was hast du heute so gemacht? Erzähl doch mal.

Also, ich mache die Augen auf und zu, Oma. Wenn ich sie aufmache ist es hell und wenn ich sie zumache ist es dunkel.

Erstaunlich.

Kennst du das nicht?

Doch schon.

Na, und das ist so schön, dass ich es immer weiter übe.

Du wirst das schon richtig gut können und deine Mama sofort ansehen können, wenn du geboren bist.

Was meinst du, warum ich den ganzen Tag übe, Oma?

Ich verstehe.

hicks oh, nein …

Wie doof …

Sag ich ja.

Ist sicher anstrengend.

Und wie! Und dabei bin ich sooo müde *gähn* und *hicks*

Tut mir so leid. Pass mal auf, halte mal die Luft an und zähle bis drei.

Luft-anhalt

Eins

…

…

…

Er ist weg, Oma? Woher wusstest du das?

Hab ich einfach mal so gedacht.

gäääähn

Dann schlaf jetzt mal schön.

Gute Nacht, Oma.

Gute Nacht, mein Kleines *hicks* oh nein ... ist wohl ansteckend.

13. Oktober

Hallo, Oma. Gut, dass du da bist, ich wollte dich etwas fragen.

Guten Abend, mein Spatzenkind. Was gibt es denn?

Ich wollte dich fragen, was richtig herum ist.

Richtig herum? Wie meinst du das?

Nun, ob ich richtig herum bin oder nicht. Mama hat da mit Papa drüber gesprochen. Also, ich weiß es nicht ...

Ich denke, sie meint, dass du mit dem Kopf nach unten liegen solltest.

Ach so! Na, da braucht sie sich keine Sorgen zu machen. Ich bin oft mit dem Kopf nach unten, aber manchmal drehe ich mich auch. Dann wieder zurück und dann liege ich richtig.

Bist du auch mit dem Kopf nach unten, Oma?

Nein, das wäre ja was ...

Wieso denn?

Wie sollte ich dann gehen können und vorwärts kommen? Auf dem Kopf hüpfend?

Und warum soll ich dann auf dem Kopf sein?

wäääh

Das geht dann doch gar nicht. Weißt du was, Oma? Ich glaube, ich habe Angst.

Keine Sorgen, dieses Auf-dem-Kopf-sein gilt nur für die Geburt. Danach lebst du wie alle Menschen mit dem Kopf nach oben.

Aber das ist dann falsch herum.

Nur für die Geburt, sagte ich dir doch.

Mama hat das aber gesagt!

Sie meinte aber nur die Geburt.

Und wenn nicht?

Weißt du was? Schau dir deine Mama und deinen Papa und den Arzt und die Hebamme und die Krankenschwester einfach an, sobald du geboren bist. Wenn die alle auf dem Kopf hüpfen und mit den Beinen wackeln …

Dann?

… ist irgendwas schief gelaufen. Ich würde dann an deiner Stelle wieder zurückkriechen und es nochmal versuchen.

Mach ich dann, Oma.

Frage geklärt?

Ja, vielen Dank.

Dann wünsche ich dir eine gute Nacht. Schlaf schön, mein Spatzenkind.

Du auch, bis morgen, Oma.

14. Oktober

Guten Abend, mein Spatzenkind. Alles klar bei dir?

Nein.

Was ist denn los? Geht es dir nicht gut?

Doch, es geht mir sehr gut, aber ich möchte einen Tisch haben.

Du meinst einen Spieltisch? Den habt ihr im Kinderzimmer und außerdem noch einige große in der Wohnung.

Ich möchte aber einen Spatzenkind-Tisch haben.

Also einen ganz alleine für dich?

Nein, einen Spatzenkind-Tisch mit einem Spatzenkind drauf.

Hm, ob es so etwas gibt? Ich glaube nicht.

wäääh

Oh je … wie kommst du denn darauf?

Julian hat einen Tisch mit Julian drauf und Klara einen mit Klara drauf.

Nein, das glaube ich nicht. Wie gesagt, so Tische gibt es gar nicht. Meinst du vielleicht T-Shirts mit Namen drauf?

Ja, genau, Tische.

Nicht Tische, T-Shirts, mein Kleines.

Und was soll das sein?

Dünne Pullover, mit langem Arm oder kurzem Arm. Lass mich raten, gab es die vielleicht im Kindergarten?

Natürlich, wo denn sonst? Und ich habe keinen gekriegt.

Bekommst du später auch mal, bestimmt.

Hast du auch einen Tisch mit Oma drauf, Oma?

Nein, ich habe einen Tisch mit einer Glasplatte drin und kein T-Shirt mit meinem Namen drauf.

Du arme Oma!

Du armes Spatzenkind.

Wenn wir beide so arm sind, kann es nur besser werden.

Hurra!

Dann hoffen wir mal auf morgen.

Dann bis morgen, Oma.

Bis morgen, mein Kleines.

15. Oktober

Spatzenkind, wie geht es dir?

Gut, Oma. Mama hat sich heute umpfen lassen.

Du meinst impfen, oder?

Ja, genau.

Ja, hat sie mir erzählt. Dann hat das also geklappt und der Impfstoff war da.

Ich habe mich heute auch gegen Grippe impfen lassen.

Ich ja auch.

Du?

Natürlich, ich bin geumpft.

Geimpft, meinst du. Nein, das bist du nicht.

*Bin ich wohl *bäh**

Ach ja? Hast du eine Spritze in den Oberarm bekommen?

Was ist eine Spritze?

Das ist eine dünne Hohlnadel, mit der das Serum in den Oberarm gespritzt wird.

Was? Oh nein, das ist ja schrecklich.

Ist es gar nicht.

Doch, das will ich aber nicht.

Du wirst aber schon noch geimpft werden, wenn du geboren bist. Sogar mehrmals. Nur so kann man schlimme Krankheiten besiegen.

Was sind denn Krankheiten?

Schwer zu erklären, jedenfalls geht es einem dann nicht gut.

Das will ich auch nicht, aber auch nicht umpfen.

Impfen geht ganz schnell, wirst du schon schaffen. Klara und Julian haben das auch schon ein paar Mal geschafft.

Wirklich?

Natürlich. Impfen ist auch viel besser als krank zu werden.

Ich bin ja jetzt geumpft.

Nein, deine Mama ist geimpft, aber diese Impfung hilft auch dir. Und sogar wenn du geboren bist.

Das ist toll.

Finde ich auch.

Also bin ich doch geumpft.

Irgendwie schon …

Aber nicht mit einer Nadel.

Nein.

Und nicht in den Arm.

Nein.

Tut das denn weh?

Ein ganz klein wenig.

wäääh mein Arm tut weh. Ich bin geumpft *wäääh*

Womit wir wieder beim Anfang wären.

Jetzt geht es mir wieder gut, Oma.

Ein Glück! Dann hat dieser Impf-Tag ja noch ein gutes Ende gefunden.

Ich muss jetzt gleich schlafen, Oma. Mama liest schon ein Bilderbuch vor.

Dann wünsche ich dir eine gute Nacht, mein kleiner Impfling.

Gute Nacht, meine Umpf-Oma.

16. Oktober

Guten Abend, mein Kleines.

Hallo, Oma.

Geht es dir gut?

Ja, ich bin fit und turne herum.

Ich nicht so, bin etwas angeschlagen von der Impfung.

Ich ja nicht.

Das ist schön.

Bist du heute spazieren gegangen, Oma? Wir waren ganz viel draußen.

Nein, ich sagte doch, ich bin etwas angeschlagen, habe Fieber.

Warst Du shoppen?

Wie kann ich das?

Warst du vielleicht in einem Café?

In diesen Zeiten und dann noch mit Fieber? Ich denke nicht daran!

Mama ja auch nicht.

Siehst du. Da kann man nur spazieren gehen und das mache ich auch, sobald ich wieder fit bin.

Ich bin ja fit.

Das sagtest du schon.

Bist du böse, Oma?

Nein, nur müde.

Dann solltest du schlafen.

Das mache ich gleich auch, ich wollte dir nur ‚Hallo‘ sagen.

Hallo, Oma.

Hallo, Spatzenkind.

So werde ich ja heißen.

Mein Kleines, das war ein Witz von Mama.

Hat sie aber gesagt!

Deine Mama ist lustig und dein Papa auch. Bei Julian meinte dein Papa, er würde mal Fürchtegott heißen.

Heißt er aber nicht, er heißt Julian.

Siehst du, das war auch ein Witz.

Ich finde Spatzenkind hübsch.

Ich ja auch, aber es kein richtiger Name. Du wirst einen hübschen Vornamen bekommen, da bin ich mir sicher. Warte es nur ab.

Ja gut, dann mache ich das.

Und jetzt gehe ich schlafen, damit ich morgen wieder fit bin.

Bis morgen, Oma.

Bis morgen, Spatzenkind.

17. Oktober

Oma, hallo! Bist du wieder fit? Spielen wir was?

Hallo, Spatzenkind. Ja, bin wieder topfit. Was wollen wir denn spielen?

Namen raten.

Aha, wie geht das Spiel denn?

Ganz einfach: Rate doch mal, wie mein Papa heißt.

Das ist wirklich einfach, er heißt Gresch.

Falsch! Mein Papa heißt Papa.

Oha, okay.

Du darfst noch einmal raten, Oma. Wie heißt meine Mama?

Nun gut, sie heißt Mama.

Falsch! Meine Mama heißt Steffi. Das solltest du aber eigentlich wissen.

Eigentlich schon, ich habe ihr jetzt selbst diesen Namen gegeben.

Jetzt bist du dran: wie heißt dein Bruder.

Klara!

Und deine Schwester?

Julian!

Falsch, falsch, falsch. Dein Bruder heißt Julian und deine Schwester heißt Klara.

wäääh

Nun weine doch nicht, du hast die beiden nur verwechselt.

Meinst du, Oma?

Ja.

Was ist das denn?

Verwechseln? Etwas vertauschen.

Bist du auch verwechselt?

Ich? Nein, wieso das?

Ich frag ja nur.

Ich glaube, über den Begriff „Verwechslung" sprechen wir in ein paar Jahren noch einmal.

Geht klar, Oma. *gähn*

Aha, da ist ein kleines Spatzenkind müde. Dann schlaf mal gut. Mein Kleines.

Bis morgen, Oma.

18. Oktober

Guten Abend, mein Spatzenkind.

Hallo, Oma. Hast du schon gehört? Ich bekomme jetzt doch eine Maske.

Nein, davon weiß ich noch nichts. Wieso denn? Du bist doch noch viel zu klein.

Papa sagte, dass alle eine Maske tragen müssen, wirklich jeder.

Das gilt doch nur für das Amt, in dem dein Papa arbeitet. Und dort gibt es keine Kinder und schon gar keine kleinen, geschweige denn ungeborene.

Also gilt das nicht für dich.

Hat mein Papa aber doch gesagt, Oma!

Das hat er auch gesagt, aber trotzdem …

… ich will aber eine Maske haben!

Wenn du alt genug bist, um eine Alltagsmaske tragen zu müssen, ist die Pandemie vorbei.

Die was?

Die Pandemie, mein Kleines. Dieses schreckliche Virus, das alle krank machen will. Es ist dann nicht mehr da.

Da bin ich aber froh. Aber ich bin ja geumpft.

seufz anderes Thema. Was hast du heut gemacht?

Ich habe das Sitzen geübt, das kann ich jetzt schon. Weißt du, wie das geht?

Erzähle es mir.

Also ich ziehe meine Arme und Beine an und tue den Kopf runter. Sitzt du auch so?

Ähm, eigentlich nicht. Ich glaube, was du machst, ist eine bestimmte Haltung einnehmen.

Ach ja? Und welche?

Die, welche du zur Geburt brauchst.

Natürlich, habe ich doch gesagt.

Nicht so ganz, aber ist ja auch egal. Toll machst du das.

Ich übe auch wirklich die ganze Zeit.

Du bist sehr fleißig.

Bist du auch fleißig, Oma?

Klar, ich schreibe Buch um Buch.

Übst du damit das Schreiben?

Eigentlich nicht, dass kann ich nämlich schon.

Bist du da sicher?

Jetzt bringst du mich in Verdrückung.

Ach, das kenne ich. Hat Klara gestern gemacht. Da hat sie eine ganze Banane in Verdrückung gebracht.

Ja, ich denke, sie hat eine ganze Banane gegessen.

Mit Schale!

Aber nein! Das sind doch Märchen, die du da erzählst.

Nein, Mama erzählt Märchen ... jeden Abend vor dem Einschlafen, wenn wir Kinder ins Bett müssen.

Ich ja nicht.

Mir wird gerade ein wenig schwindelig ...

Hast du dich zu schnell gedreht, Oma?

Eher zu schnell zugehört.

Das solltest du aber lieber nicht machen.

Mach ich jetzt auch nicht mehr.

Ich übe jetzt noch Sitzen, Oma.

Mach das, und ich übe das langsame Zuhören. Bis morgen dann.

*Bis morgen, Oma. *wink**

19. Oktober

Du Oma ... ?

Ja, mein Schatz?

Wer sind eigentlich die Knoerwels?

Das ist eine Familie, die ich erfunden habe. Sie kommen im Buch „Geheimzwerg" vor.

Sind nicht wir das?

Ähnlichkeiten mit lebenden Personen sind rein zufällig, aber beabsichtigt.

Verstehe ich nicht.

Ich auch nicht.

Also, wer sind die Knoerwels?

Nun, es gibt Mama Knoerwel, Papa Knoerwel, Opa Knoerwel, Oma Knoerwel, Klein-Knoerwelchen und Klitzeklein-Knoerwelchen.

Und ich? Wo bleibe ich?

Du wärest dann das Mini-Knoerwelchen.

Ach, das ist schön.

Das freut dich?

Natürlich. Das Mini-Knoerwelchen zu sein ist doch prima. Möchtest du das nicht sein?

Ich weiß nicht ...

Was macht das Mini-Knoerwelchen denn so?

Das ist noch gar nicht geboren.

Wie ich *freu-und-hüpf*

Ja, es hätte leichte Ähnlichkeit mit dir, wobei Ähnlichkeiten mit lebenden Personen ...

Ja, ich weiß, hör schon auf, Oma.

Also, das Mini-Knoerwelchen turnt im Bauch von seiner Mama herum, übt das Sitzen, das Schlucken, das Atmen und so.

Hach, genau wie ich. Ich mag das Mini-Knoerwelchen.

Ich ja auch.

Ich möchte das Mini-Knoerwelchen mal sehen.

Da brauchst du nur in den Spiegel zu schauen, wenn du geboren bist.

Das mache ich, Oma.

gähn

gähn

Gute Nacht, meine Oma.

Gute Nacht, mein Spatzenkind.

20. Oktober

Guten Abend, Spatzenkind.

Hallo, Oma. Erzählst du mir eine Geschichte von den Knoerwels? Am liebsten hätte ich eine von dem Mini-Knoerwelchen.

Ja, gerne.

Das Mini-Knoerwelchen war ein ganz liebes Ungeborenes. Es wuchs und wurde größer und größer, übte das Schlucken und das Greifen, atmete schon mal tief ein und aus und freute sich auf seine Mama. Die Mama von Mini-Knoerwelchen hatte eine schöne Stimme und jeden Abend, wenn die sie den Geschwistern von unserem Mini Gute-Nacht-Geschichten vorlas, träumte das Kleine davon, in ihren Armen zu liegen. ‚Ich glaube, meine Mama ist wunderschön‘, dachte es sich. Ob es wohl damit Recht hatte?

Bestimmt, Oma! Erzähl weiter!

Das Mini-Knoerwelchen wuchs also weiter und hatte bald keinen Platz mehr zum Herumturnen. Es hockte mit angezogenen Beinchen und Ärmchen im Bauch der Mama und es wurde ihm sehr eng. Als es so eng war, dass es kaum noch auszuhalten war, wurde es geboren und sah zum ersten Mal das Licht der Welt.

Dieses Licht hatte lange dunkle Haare, dunkle Augen und eine ganz helle Haut. Es sagte: „Da bist du ja endlich, mein Schatz“, und drückte das Mini-Knoerwelchen ganz sanft und lieb an sich.

Und noch viele Jahre später, wenn man das Kind fragte, wer denn das Licht der Welt sei, antwortete es: „Meine Mama!“

träum

gähn

einschlaf

Dann schlaf mal schön, mein Kleines.

Und die kleine Oma schlich leise von dannen.

21. Oktober

Hallo, Oma. Erzählst du die Geschichte weiter?

Die vom Mini-Knoerwelchen?

Ja, bitte-bitte.

Gut, mach ich. Also ...

Als das Mini-Knoerwelchen nun gemütlich in Mamas Armen lag, kam ein großer dicker Mann.

Ich weiß, das war Papa.

Nein, das war der Arzt. Der wollte das Kleine untersuchen und es wiegen und messen lassen. Er nahm also das Neugeborene aus den Armen seiner Mama und es gab Geschrei. Das wollte das Mini-Knoerwelchen nämlich nicht. Es hatte so lange auf diesen Tag gewartet, dass es nicht mehr von seiner Mama getrennt sein wollte. Der Arzt ließ das Kind daraufhin los und murmelte: „Dann später", und machte das Licht aus.

Wieso denn das?

Dadurch wurde es noch gemütlicher im Krankenhaus-Saal, denn draußen fiel leise und sanft der Schnee. Es war der 24. Dezember, Heiligabend, und alles war still, nur kleine Lichter leuchteten und es schwebten Engel durch den Raum.

Engel? Ich dachte, das Mini-Knoerwelchen wäre mit seiner Mama allein ...

271

Nun ja, Engel sind Lichtwesen, die zählen eigentlich gar nicht.

Ach so. Eine Frage, Oma: Wo war eigentlich der Papa vom Mini-Knoerwelchen? War der nicht da?

Doch, doch, der war nur mal gerade hinausgegangen.

Ich weiß, der musste aufs Klo.

Auf die Toilette, ja, ich glaube schon.

Und die Engel? Mussten die nicht auch aufs Klo?

Nein, wie ich schon sagte, das sind Lichtwesen.

Aha, und die müssen nicht aufs Klo.

Genau. Die Engel also schwebten durch den Raum.

Du, Oma, warum machten sie das denn? Konnten sie nicht damit aufhören? Ich meine, wenn nun einer herunterfiel und dem Mini-Knoerwelchen genau auf den Kopf?

Ich merke schon, du hast keine Ahnung von Weihnachten – und von Romantik.

Doch, hab ich. Ist sehr gefährlich.

Ich gebe es auf …

Ist ja auch schon spät, du musst sicher ins Bett.

Ich darf erst ins Bett, wenn ich diese Geschichte geschrieben habe.

Meine Güte, bin ich froh, dass ich keine Oma bin!

Freut mich zu hören.

Dann schreib schnell, Oma. Ich schlafe schon mal, ich muss nämlich keine Geschichte schreiben.

Mache ich. Bis morgen, dann.

*Bis morgen *wink**

22. Oktober

Du, Oma, was sind eigentlich Kopfschmerzen?

Nun, da tut einem der Kopf sehr weh.

Hab ich die wohl?

Das kann ich mir nicht vorstellen.

Aber Mama hat Kopfschmerzen.

Ach ja? Das kann am Wetter liegen, es ist warm geworden und draußen gewittert es.

Was sind denn Schmerzen?

Dann tut einem etwas weh. Nicht schön.

Merke ich, wenn mir etwas weh tut?

Bestimmt.

Und wenn ich das nicht will?

Wenn dir etwas weh tut, dann muss man schauen, woran das liegt. Deine Eltern werden mit dir zum Kinderarzt gehen. Der wird dir dann schon helfen.

Und wie?

Vielleicht mit einer Medizin.

Und was ist das?

Das ist sicher ein Saft oder ein Zäpfchen. Nein, ich erkläre jetzt nicht, was ein Zäpfchen ist. Das mache ich, wenn du geboren bist.

Na gut. Gehen dann die Schmerzen weg?

In der Regel schon. Hab keine Bange, es wird schon gut für dich gesorgt werden.

Und wer sorgt jetzt für Mama? Die hat doch diese Kopfschmerzen.

Deine Mama weiß schon, was zu tun ist. Sie kann eine Tablette nehmen oder so.

Muss ich dann auch eine Tablabette nehmen?

Nein, aber vielleicht merkst du die Wirkung und auch hier keine Bange, Mama nimmt nur Tabletten, die dir nicht schaden.

Nimmst du auch Tablabetten, Oma?

Selten, mein Schatz. Mir fehlt aber auch nichts.

Mir ja auch nicht.

Prima.

Mama legt sich jetzt hin, wegen der Schmerzen. Ich muss mich auch hinlegen. Ich glaube, ich turne heute mal nicht, sondern bin ganz still.

Das ist lieb von dir. Vielleicht geht es Mama bald besser. Gute Nacht, mein Kleines.

Gute Nacht, Oma.

23. Oktober

Hallo, Oma. Ich bin schon so richtig stark. Fühle mal meine Muskeln!

fühl meine Güte, ja, stimmt.

*Und ich kann richtig boxen *box**

Was ist boxen?

Das ist, wenn man jemanden mit der Faust, also der geballten Hand, schlägt.

Oh, nein, das will ich doch gar nicht! Ich dachte, das wäre was Gutes, weil Julian davon erzählt hat.

Was hat er denn erzählt?

Ich glaube, dass Matze ihn geboxt hat.

Sein Freund? Hatten die beiden Streit?

Ich weiß nicht, aber Mama hat laut gerufen: „Willst du wohl aufhören!", als Matze da war.

Hm, das klingt nach Streit. Nicht schön.

Finde ich auch. Was ist Streit, Oma?

Eine Auseinandersetzung, einer wirft dem anderen etwas vor.

Verstehe ich nicht. Hast du Streit?

Manchmal schon, aber ich boxe dann nicht.

Warum denn nicht?

Finde ich nicht gut, ich streite mich verbal.

Was ist denn das schon wieder?

Ich setze mich mit Worten auseinander.

Ach so, weil alle auseinandersitzen müssen, wegen diesem Visum.

Alle müssen Abstand halten, weil dieses Virus hier ist. Das stimmt.

Und was hat das mit Boxen zu tun?

Gar nichts.

Ich verstehe gar nichts mehr.

Ich im Moment auch nicht.

Macht aber nichts, Mama liest schon das Gute-Nacht-Märchen vor. Ich muss ins Bett.

Dann bis morgen, Spatzenkind.

Bis morgen, Oma.

24. Oktober

Na, mein Spatzenkind, was gibt es denn Neues?

Ich halte mir ganz viel die Ohren zu, Oma. Es ist so laut hier.

Oh je, was ist denn los?

Papa baut die Küche aus, damit man das was lagern kann.

In der Küche? Nein, er legt einen Boden im Dachboden aus, damit man dort etwas lagern kann, dein neues Hochstühlchen zum Beispiel, das ich in dieser Woche geschickt habe.

Ach was, ich habe gar kein Hochstühlchen, Oma.

Doch, hast du, glaube es mir. Es ist nur noch verpackt.

Jedenfalls hämmert und es ganz laut und das finde ich furchtbar.

Ich auch, aber ist sicher bald vorbei.

Und wenn nicht?

So groß ist euer Dachboden gar nicht.

Woher willst du das denn wissen ...

Weil ich euer Haus gut kenne und den Dachboden auch.

Wo ist der denn? In der Küche?

Nein, der ist oben, über dem Kinderzimmer.

Da komme ich ja auch rein.

Nein, du kommst ins große Schlafzimmer zur Mama.

Ich will aber ins Kinderzimmer.

bumm-bumm-bumm hörst du, Oma?

Das ist Papa.

Ja, das ist wirklich laut. Aber es ist schon Abend, da hört Papa bestimmt gleich auf.

bumm-bumm-bu...

Na bitte!

Endlich, ich konnte auch gar nicht schlafen heute *gähn*

Möchtest du jetzt schlafen? Dann gehe ich.

Nein, Oma. Erzähl mir bitte noch etwas vom Mini-Knoerwelchen.

Gut, eine kurze Geschichte. Also, das Mini-Knoerwelchen war gerade geboren und lag im Arm seiner Mama. Nun kam aber der Papa und nahm es in seine Arme. Das war auch schön und es wäre beinahe eingeschlafen. Aber da kam eine liebe Frau in einem weißen Kleid, nahm es und hat es gemessen und gewogen.

Das kenne ich, das macht immer der Arzt von Mama, wenn wir da sind. Da werde ich auch immer gemessen und gewogen.

Ganz genau. Danach steckte es die nette Frau in ein Becken mit herrlich warmem Wasser und es fühlte sich sehr wohl. Das Mini-Knoerwelchen wurde also gewaschen und eingecremt, dann angezogen.

Was ist das?

Es bekam eine Windel, ein Hemdchen, ein Höschen und einen Strampler angezogen, damit es nicht frieren sollte.

Was ist frieren?

Das kennst du noch nicht. Aber wenn du zur Welt kommst, wird es kalt sein, weil Winter ist. Das Mini-Knoerwelchen kam auch im Winter zur Welt.

Weil es nun sehr müde war und die Mama auch gewaschen und frisch gemacht wurde, legte man das Kleine kurz in ein kuscheliges Bettchen. Das gefiel dem Neugeborenen aber gar nicht und es weinte. Sofort kam der Papa und tröstete es. Da schlief es glatt ein.

gähn

gääähn

Dann schlaf du auch mal schön, mein Spatzenkind. Bis morgen.

*Bis morgen, Oma. *einschlaf**

25. Oktober

Du, Oma, erzählst du mir wieder eine Geschichte vom Mini-Knoerwelchen? Ich schlafe auch bestimmt nicht dabei ein.

Wollen wir wetten? Aber gut, wenn du es möchtest:

Das Mini-Knoerwelchen lag also wieder in dem kleinen Bettchen und schlief. Es träumte von den Geräuschen, die es gehört hatte und von dem Gesicht seiner Mama. Nach einiger Zeit wachte es auf und spürte ein merkwürdiges Gefühl im Bäuchlein.

Ich weiß, Oma, es hatte Angst. Stimmt's?

Nein, mein Kleines, das Mini-Knoerwelchen verspürte Hunger.

Was ist das denn?

Kennst du noch nicht, weil du über die Nabelschnur ernährt wirst. Wenn man auf der Welt ist, muss man regelmäßig essen.

Kenne ich, Oma! Machen Klara und Julian immer und das heißt dann Pazza und Nadeln und so.

Pizza und Nudeln, richtig. So kleine Babys aber dürfen und können das noch nicht essen.

Warum denn nicht?

Weil sie noch keine Zähne haben und ihr Bäuchlein das Essen nicht vertragen würde.

Was sind Zähne?

Scharfe Hartgebilde in der Mundhöhle. Damit kann man Essen zerkleinern. Du bekommst später welche. Das Mini-Knoerwelchen konnte nur Milch vertragen und die bekam es auch.

Und dann?

Jetzt hatte es ein wohliges Gefühl im Bäuchlein und wäre glatt wieder eingeschlafen, wenn ihm nicht etwas eingefallen wäre.

Und was war das, Oma?

Es vermisste seine Geschwister.

Wo waren die denn?

Zuhause, sie durften nicht ins Krankenhaus kommen. Das Kleine war also noch in der Klinik. Aber nach wenigen Tagen durfte es mit seiner Mama nach Hause fahren. Papa holte die beiden ab und im Auto saßen Julian und Klara und streichelten das Mini-Knoerwelchen.

Wie schön!

Ja, das fand es auch und lächelte. Zuhause dann legte Papa es in seine Wiege, die schon bereitstand. Alle standen um die Wiege herum und es war sehr gemütlich.

Ich will auch nach Hause, Oma.

Mein Spatzenkind, du bist zuhause. Ihr seid noch gar nicht in der Klinik. Hörst du nicht Papa hämmern und Julian singen?

Doch, Oma, und es ist sehr gemütlich. Klara hat gerade Bilderbücher geholt und Mama will vorlesen. Ich muss dann gleich schlafen. Bis morgen, Oma.

Bis morgen, mein Kleines.

26. Oktober

Huhu, Oma. Ist es jetzt bald soweit?

Was meinst du?

Ich weiß auch nicht, ich glaube Eisnachten. Julian fragt immer die Mama.

Weihnachten meinst du vielleicht. Nein, das dauert noch ungefähr acht Wochen. Und danach kommst du zur Welt. Ungefähr.

Was ist ungefähr?

Geschätzt, wenn man es nicht genau weiß, mein Schatz.

Dann weiß man nicht genau, wann Eisnachten ist?

Weihnachten, doch, das weiß man. Das ist immer am 25. und 26. Dezember.

Was ist Dezember?

Öhm, ein Monat. Man teilt das Jahr ... nein, was ein Jahr ist, kann ich schlecht erklären, verschieben wir das auf später.

Gut, Oma. Was gibt es bei dir Neues?

Ich habe dein Schlaflied fertiggestellt.

Singst du es mir vor, Oma?

Ja, gerne *sing*

Na, gefällt es dir?

???

Spatzenkind?

schlaf

Volle Wirkung!

Schlaf ein

Langsamer Walzer

2. Der Tag, er ist bald vorbei,
Sterne erwachen, eins, zwei, drei.
Schlafe, mein Kleines, schlaf ein,
träum dich in den Himmel hinein.

Ref.: Schlafe nur, schlafe nur, schlafe mein Kind,
die Träume, sie wehen im Wind.

3. Das Christkind, es schickt bald den Storch,
er schlägt schon die Flügel, horch.
Und dann fängt dein Leben erst an,
schlaf süß und geborgen so lang.

Ref.: Schlafe nur, schlafe nur, schlafe mein Kind,
die Träume, sie wehen im Wind.

https://carow-verlag.de/schlafein.html

281

27. Oktober

Hallo, mein Spatzenkind. Heute ist ja was los …

Das kannst du wohl sagen, Oma. Zuerst klemmte Klara sich den kleinen Finger in der Tür, dass es blutete und sie weinen musste. Sie bekam ein Auto, einen Laster.

Einen Laster? Ach, du meinst ein Pflaster.

Ja, genau. Und dann stolperte Papa über Julian, der auf dem Boden die kleine Eisenbahn aufbaute. Julian fiel um, genau auf die neue grüne Lok.

Ist sie kaputt gegangen?

Natürlich. Also weinte auch Julian.

Meine Güte …

Dann hat die Mama geschimpft.

Mit wem denn?

Mit Papa natürlich, weil der ja über dem Julian gestolpert war.

Aha. Und weinte dann der Papa?

Klar! Und ich dann auch.

Du hast geweint?

Natürlich!

Du sagst ziemlich oft ‚natürlich‘.

Muss ich ja.

Wie weint man denn als Ungeborenes?

Ja, nun, ich weiß nicht. Ich habe es aber gemacht.

Nun gut. Und wie ging es dann weiter? Kehrte dann Ruhe ein?

Nein, Opa Jupp.

Aha, der kam wohl zu Besuch.

Nein, er kam zur Tür herein.

Muss er ja, wenn er zu Besuch kommt.

Wieso?

Wie soll er euch sonst besuchen?

*Das weiß ich doch nicht *wäääh**

Bin ich dir auf den Schlips getreten?

Nein, Oma, du hast mich beleidigt.

Oha, du hast ja schon viel gelernt.

Nein, ich höre nur gut.

Okay, du hast gewonnen, ich gebe auf.

Ich habe gewonnen! Hurra!

Was eigentlich?

Ist doch egal, du hast auf jeden Fall gewonnen. Freu dich.

Mach ich. Und was war bei dir los, Oma?

Nichts Besonderes, nur ein allgemeiner Shutdown in Deutschland.

Ach so, na, wenn es weiter nichts ist … dann halte ich jetzt mal mein Nachmittagsschläfchen, bevor hier noch mehr los ist.

Dann schlaf mal schön. Bis morgen, mein Schatz.

Bis morgen, Oma.

28. Oktober

Guten Abend, mein Spatzenkind.

Guten Abend, Oma. Ich bin sooo müde, heute war schon wieder so viel los, dass ich einfach nicht zum Schlafen kam.

Das ist ja schrecklich, mein Kleines. Was ist denn bei euch passiert?

Jetzt hat Julian sich den Finger verletzt und ein Auto bekommen.

Du meinst ein Pflaster. Hat es denn so doll geblutet?

Das weiß ich nicht, aber Julian hat geschrien.

Au weia, dann war es wohl so schlimm.

Das weiß ich auch nicht. Aber dann fing Klara an zu Schreien und Mama hat mir die Ohren zugehalten.

Mama? Dir die Ohren zugehalten?

Ganz genau. Ich habe dann auch nichts mehr gehört.

Seltsame Geschichte ... hier war auch wieder viel los. Der Lockdown in Deutschland wurde beschlossen.

Wie gestern? Also immer das Gleiche bei dir.

Ja, wenn man es so sehen will ...

gähn dann kannst du ja gar nicht müde sein, Oma.

Bin ich aber.

War doch nix los bei dir.

Nun ja ...

Spielen wir noch was?

Gerne. Wie wäre es mit Memory?

Das kann ich gut! Ich bin ja immer dabei, wenn Klara und Julian und Mama Memory spielen. Darf ich anfangen?

Ich bitte darum.

Karte-aufdeck ein Hase.

Jetzt du, Oma.

Karte-aufdeck ein blaues Auto.

Karte-aufdeck eine Möhre.

Karte-aufdeck ein rotes Auto.

Karte-aufdeck ein blaues Auto.

Jetzt schnell das andere blaue Auto aufdecken, Spatz.

Wieso denn?

So ist das Spiel.

Verstehe ich nicht.

gähn ich bin sooo müde und wir haben sooo schön gespielt, Oma. Wer hat denn gewonnen?

Im Zweifel du.

Hurra!

Jetzt muss ich aber schlafen, Oma. Mama liest schon vor.

Dann gute Nacht, mein Kleines. Und erhole dich gut von dem anstrengenden Tag.

Bis morgen, Oma.

29. Oktober

Hallo, Spatzenkind, bist du da?

Natürlich, Oma. Wo soll ich denn sein?

Du könntest ja mit Mama spazieren gehen.

Bin ich aber nicht, Klara hat Schnupfen.

Ach je …

Ja, deshalb bleiben wir zu Hause. Ich finde das gemütlich. Mama und Papa haben gestern meine Wiege vom Dachboden geholt und aufgebaut. Ich wurde schon mal hineingelegt, ob ich passe.

Und passt du?

Das weiß ich doch nicht. Weißt du das, Oma?

Ich denke schon, du wirst hineinpassen. Klara hat ja auch hineingepasst.

Was hat das denn damit zu tun?

Reine Logik, Spatz. Und nein, Logik erkläre ich dir später, jetzt nicht.

Schade, ich wüsste gerne, was Lochich ist.

Vielleicht studierst du auch mal Mathematik, dann lernst du das.

Wieso sollte ich?

Weil das viele aus unserer Familie gemacht haben: Opa, ich, Mama, Onkel Christian.

Oh, so viele? Dann muss ich wohl ...

Du musst gar nix.

Ein Glück, habe schon Angst bekommen, oder so.

Vielleicht studierst du mal Medizin und wirst eine Frau Doktor.

Oder ich werde Blubberin.

Das geht natürlich auch. Was ist das denn?

Das weiß ich auch nicht, weißt du das nicht?

Nein, aber hört sich lustig an.

Dann werde ich Blubberin. Könntest du ja auch machen, Oma.

Ich habe schon einen Beruf, oder mehrere.

Werde Blubberin, Oma! Dann machen wir das zusammen.

Und machen eine Blubberei auf? Ja, ist klar. Ich sage meiner Verlegerin Bescheid, dass dieses hier das letzte Buch ist, welches sie von mir bekommt.

Schön! Und wenn das nicht klappt, mache ich die Bücher für dich, Oma.

Das ist so lieb von dir, mein Kleines.

Vielleicht habe ich aber auch keine Lust, dann wird das nichts.

Ich lasse alles gelassen auf mich zu kommen.

Ich meine das ernst, Oma!

Wir gehen jetzt doch spazieren, ich muss los. Bis morgen, Oma.

Bis morgen *wink*

30. Oktober

wääääääääääääääääääääääh

Oh je …

Omaaaaaaaaaa!

Ja, mein Kleines, ich bin hier.

Da ist etwas so komisch.

Geht es dir nicht gut?

Doch, mir geht es bestens, ich bin schon sooo groß.

Knapp 40 cm habe ich gehört.

Und richtig schwer.

Nun ja, 1300 Gramm sind nicht gerade die Welt. Kannst noch zunehmen.

Das ist aber nicht gut, sagt Papa.

Damit meint er sich, dein Papa kämpft immer gegen die Pfunde.

Du auch?

Nein, das ist nicht mein Problem.

wääääääääääääääh

Da ist was komisch.

Ich weiß.

Was ist denn komisch, Oma?

Schlecht zu erklären, aber vielleicht schickt schon der Nikolaus den Storch.

Wer ist das?

Ein guter alter Mann, der den Kindern Spielsachen und Süßigkeiten bringt, wenn sie brav waren.

Bin ich brav, Oma?

Natürlich.

Und ich bekomme dann einen Storch?

Nein, der Nikolaus schickt den Storch, damit du auf die Welt kommst.

Da bin ich aber froh, dann dauert es ja nicht mehr so lange.

Ich hoffe, es dauert noch länger.

Naja, eigentlich ist es mir egal.

wäääh

Ich weiß ... aber es wird bestimmt alles gut.

Es ist etwas komisch.

Nächstes Jahr um diese Zeit kannst du vielleicht schon ein paar Schritte laufen.

Oder singen, Oma.

Das auch.

Singen wir zusammen?

Gerne *sing*

noch-mehr-sing

träller

flöt

Wow, was du alles kannst.

einschlaf

Das klappt am besten. Gute Nacht, mein Kleines.

zzzzzzzzz

31. Oktober

Na, mein Spatzenkind, geht es dir heute besser?

Mir geht es gut, Oma, wieso fragst du?

Weil gestern alles so komisch war.

Ach, hier ist gar nichts komisch. Ich muss allerdings auf der Couch liegen, sagt Papa.

Mama soll auf der Couch liegen, mein Kleines. Sie muss sich ausruhen, du nicht.

Doch, ich muss hier rumliegen, Mama darf herumtoben. Würde ich auch gerne.

Dann mach das doch.

Nein, ich höre lieber zu. Klara und Julian spielen Mem.

Du meinst Memory, oder?

Nein, Mem. Das ist mit Karten und dann muss man rufen: „Ich habe zwei!"

Ja, Memory. Da muss man zwei gleiche Karten finden. Allerdings liegen die auf dem Kopf.

Genau wie ich! Dann bin ich ein Mem.

Mein Kleines, anderes Thema, ja?

Ja, Klara ist eine Pronzessin.

Prinzessin meinst du.

Sag ich ja. Was ist das denn?

Eine Prinzessin ist eine Königstochter. Aber das spielt Klara nur.

Ich ja auch.

Du spielst Prinzessin?

Ja, Oma. Und mit dem grünen Speed.

Speedy Green, das ist eine kleine Dampflok. Ja, die hat Julian von mir bekommen und Klara das Prinzessinnen-Set und beide ein Memory.

Und ich spiele mit! Leider muss ich auf der Couch liegen.

Himmel, bin ich froh, wenn du geboren bist.

Und ich erst.

Vorschlag: Schlafe ein bisschen und morgen reden wir weiter, okay?

*Machen wir, Oma *gähn**

Bis morgen dann.

Bis morgen, Oma.

1. November

Guten Abend, mein Kleines. Wie geht es dir?

Hallo Oma, mir geht es bestens. Mir wird es hier nur ein wenig eng. Was kann ich da machen?

Nicht viel, Spatzenkind. Es ist aber gut, dass es dir eng wird. Du wächst, wirst größer und kräftiger und das ist prima.

Ja, das finde ich ja auch. Ich würde nur gerne wieder herumschwimmen.

Das wirst du später im Schwimmbad machen können.

Ist das Wasser da auch warm?

Natürlich!

Gut. Erzählst du mir eine Geschichte vom Mini-Knoerwelchen, Oma?

Mal überlegen, was gibt es denn Neues vom Mini-Knoerwelchen ...?

Also, das Mini-Knoerwelchen war geboren und auch schon zuhause. Es lag in seiner Wiege und schlief. Da gab es auf einmal ein ganz lautes Geräusch und das Kind schreckte auf.

Ich weiß, Oma! Julians Luftballon ist geplatzt. Er hat heute nämlich einen geschenkt bekommen von Onkel Carsten. Klara ja auch.

Richtig. Nun gab es viel Geschrei, weil sich alle Kinder erschrocken haben. Aber nicht nur das, Julian weinte, weil sein schöner neuer Ballon kaputt war, das Mini-Knoerwelchen weinte, weil es geweckt worden war und Klara weinte, weil eben alle weinten.

Und was passierte dann?

Dann kam Papa und versuchte, den Luftballon wieder zu flicken.

Prima.

Ja, der Gedanke war prima, aber leider klappte es nicht. Da weinten wieder alle drei Knoerwel-Kinder.

Oma, ich glaube, ich muss auch weinen.

Warte ab, das wird nicht nötig sein, denn Mama hatte die rettende Idee. Sie kramte in einer Kiste, die ganz oben auf dem Wohnzimmerschrank stand. Darin waren Utensilien für eine Party.

Was sind denn Utusilien?

Dinge, die man für etwas braucht. Mama stöberte also in dieser Kiste herum und zog tatsächlich einen schönen Luftballon heraus. Papa blies ihn auf. Es stand „Happy Birthday" darauf.

Wie schön!

Nun lachte Julian wieder und spielte sofort mit seinem neuen Ballon. Klara lachte auch und auch das

Mini-Knoerwelchen hörte auf zu Weinen. Allerdings konnte es nicht wieder einschlafen, weil Klara und Julian jetzt ziemlich wild, aber auch glücklich mit ihren Luftballons spielten. Da nahm Papa das kleine Mädchen auf den Arm und so war es zum ersten Mal in seinem Leben beim Spielen der Knoerwel-Kinder dabei.

Na, hat dir die Geschichte gefallen?

- - -

Spatzenkind?

zzzzzzzz

Eingeschlafen ... wie schön. Gute Nacht, mein Kleines.

2. November

Oma, ich habe ja so viel zu tun!

Was denn um alles in der Welt? Was hat ein Ungeborenes wie du denn so viel zu tun?

Ich muss wachsen! Mama hat mich gestreichelt und gesagt, ich soll jetzt tüchtig wachsen, weil ich ja vielleicht schon früher auf die Welt komme. Sie hat Angst, dass ich auf die Novotosiv komme.

Novotosiv? Ach, sie meint sicher die Neo-Intensiv. Ja, das wollen wir alle nicht.

Ist es denn da so schlimm?

Im Gegenteil! Da arbeiten viele tüchtige Ärzte und Pfleger, alle sind ganz liebevoll und würden sich Tag und Nacht um dich kümmern.

Ich will aber lieber zuhause sein.

Wenn du tüchtig wächst, dann wird das auch klappen.

Siehst du nun, Oma, warum ich so viel zu tun habe? Ich habe ja mehr zu tun als Papa und der muss sooo viel arbeiten.

Ja, dein Papa hat wirklich viel zu tun, das hat mit der Pandemie zu tun. Dafür kann deine Mama sich jetzt ausruhen und die Beine hochlegen.

Das mache ich ja auch.

Du legst die Beine hoch?

Eigentlich ziehe ich sie an. Legst du die Beine hoch, Oma?

Nur wenn ich müde bin.

Und wenn wir miteinander reden?

Dann sitze ich an meinem Schreibtisch vor dem Computer. Ich wäre eine Akrobatin, würde ich dann meine Beine hochlegen können.

Was ist das denn?

Eine Akrobatin? Eine Körperkünstlerin, tritt meistens im Zirkus oder so auf.

Zirkus kenne ich, hatten wir gestern hier.

Ach ja?

Ja, Oma, kannst du mir glauben. Den Zirkus hat Julian gemacht, weil er nicht mit Papa zum Friseur wollte.

Das ist aber ein anderer Zirkus, mein Kleines.

wäääh

Oh je, habe ich ein Fettnäpfchen erwischt?

Nein, ich bin nur beleidigt.

Entschuldige bitte. Ich mache es wieder gut, indem ich mit dir in einen Zirkus gehe, wenn du mal groß genug bist.

Au ja! Hurra! Oma geht mit mir in einen Zirkus! Aber jetzt muss ich wieder tüchtig wachsen, hat Mama ja gesagt.

Dann viel Erfolg dabei und bis morgen, mein Spatzenkind.

Bis morgen, Oma.

3. November

Guten Abend, mein kleines Spatzenkind.

Guten Abend, meine Oma. So klein bin ich aber gar nicht mehr und ich kann etwas Neues!

Ja was denn?

Ich kann Luft holen.

Unter Wasser?

Natürlich! Kannst du das etwa nicht?

Ich bin doch kein Fisch.

Was hat ein Fisch damit zu tun? Die werden doch im Backofen gebraten und heißen Fischstäbchen.

Ach, gab es die heute zu Mittag?

Ja, ganz genau. Klara hat zwei gegessen und Julian drei – und ich habe natürlich wieder nichts abbekommen.

Du könntest Fischstäbchen auch noch gar nicht vertragen. Du bekommst Milch, wenn du geboren bist.

Wird die auch im Ofen gebraten?

Oh nein, das wirst du schon sehen.

Ich bin mal gespannt, Oma. Aber ich kann noch etwas, guck mal: *Füße-beweg*

Toll, kannst du auch die Hände bewegen?

Schon lange!

Hände-beweg

Hände-und-Füße-beweg

Ich muss mich doch an die Mama krallen, wenn ich geboren bin.

Ach, das war früher mal, heute ist das nur noch ein Reflex.

Da bin ich beruhigt, nur ein Flexflex. Was ist das denn?

Ein Überbleibsel aus grauer Vorzeit, da mussten sich die Babys fest an das Fell der Mama krallen.

Das will ich auch!

Kannst du aber gar nicht.

Kann ich wohl, ich habe so geübt.

Kannst du trotzdem nicht.

Woher willst du das denn wissen?

Ich weiß das, weil deine Mama gar kein Fell hat.

Was? Und warum nicht? Woran soll ich mich denn krallen?

Du brauchst dich gar nicht zu krallen, du kannst das nur.

So ein Blödsinn. Genau wie gestern bei Mama.

Was war denn gestern bei Mama so blödsinnig?

*Das weiß ich nicht mehr *wäääh* du stellst so viele Fragen, Oma.*

Oh, tut mir leid.

*Ich weiß das alles nicht, Oma. Und ich bin müde *gähn**

Na dann, gute Nacht, mein Kleines.

Gute Nacht, Oma. Bis morgen.

4. November

Hallo Oma, ich muss wieder auf der Couch rumliegen. Das ist vielleicht doof.

Das glaube ich dir.

Außerdem hat Klara Schnupfen, deshalb darf Papa nicht arbeiten.

Ich glaube, dein Papa ist heute zuhause, weil deine Mama liegen muss und sich daher nicht so gut um die kranke Klara kümmern kann.

Sag ich ja. Julian ist auch zuhause, aber der hat keinen Schnupfen. Hast du Schnupfen, Oma?

Nein, hab ich nicht. Du etwa?

Nein, ich habe auch keine Niestücher.

Niestücher?

Ja, oder so.

Du meinst Taschentücher.

Hast du welche, Oma?

Klar.

Kannst du dann Klara welche geben? Wir haben keine mehr.

Gerne, aber es ist sicher praktischer, wenn dein Papa mal eben in einen Supermarkt fährt. Ich wohne doch relativ weit weg von euch.

Ja, das stimmt.

Aber wenn ich das nächste Mal komme, bringe ich ein großes Paket Taschentücher mit.

Das sage ich eben Mama.

Sie hat mir heute gar nichts davon gesagt, dass ihr keine Taschentücher mehr habt.

Was habt ihr denn geredet?

Ach, nur über den Haushalt und so, und natürlich über die Pandemie.

Ich ja auch.

Was denn …?

Padamie. Das sind Kartoffeln, oder?

Eigentlich nicht.

Oma, meinst du meine Ohren sind richtig?

Wieso sollten sie das nicht sein?

Weil ich manches nicht richtig verstehe.

Das kommt daher, dass du im Bauch deiner Mutter bist. Da klingen alle Geräusche dumpf.

Das ist aber doof.

Wie wäre es mit einem Mikrophon?

Ach, sowas klappt doch auch nicht. Julian hat eines und er schimpft nur immer darüber.

Über das alte Mikrophon von dem Kinder-Keyboard? Da ist zu viel Spucke reingekommen. Dadurch wurde es nass.

Er braucht ein neues, Oma.

Die kann man leider nicht einzeln kaufen, ich habe es schon versucht. Aber ich denke, Julian ist ja schon fünf Jahre alt, der kann schon ein richtiges Keyboard gebrauchen. Bei mir spielt er ja auch immer darauf.

Will Mama aber nicht.

Weil euer Haus bald aus allen Nähten platzt.

Ist das dann laut?

Das Platzen? Das ist nur so eine Redewendung, mein Schatz. Bei euch platzt gar nichts, höchsten euer Papa vor Stolz, weil er so eine tolle Familie hat.

Also doch ein lautes Geräusch. Das kann ich dann vielleicht richtig gut hören.

Sag mir, wenn bei euch etwas platzt, ja?

Mach ich, Oma.

Oh, Mama liest Bilderbücher vor. Ich muss jetzt aufhören, Oma.

Dann bis morgen, Kleines.

Bis morgen *wink*

5. November

Hallo Oma, was ist ein Auto?

Das weißt du doch, du fährst doch oft mit Mama damit.

heul woher soll ich das denn wissen?

Du fährst im Auto, wenn es so schön schaukelt.

Ach, du meinst meinen Kinderwagen? Da sind ja dann auch Klara und Julian mit drin.

Wir meinen dasselbe, aber das ist Mamas Auto und nicht dein Kinderwagen.

Woher willst du das denn wissen?

Weil ich weiß, wie ein Kinderwagen und wie Mamas Auto aussieht. Daher.

Also ist mein Kinderwagen ein Auto.

Nein, reden wir später darüber, ja?

Das geht aber nicht.

Warum denn nicht?

Weil Mama dem Papa gesagt hat, dass du ein Auto gekauft hast.

Ja und?

Und ich frage dich jetzt, hast du das für mich gekauft?

Wieso das denn?

Weil ich ein Kind bin.

Was hat das mit meinem Auto zu tun?

Weil dein Auto doch auch ein Kinderwagen ist.

Das wüsste ich aber ...

Was denn jetzt *heul*

Ach, mein Kleines, ein Kinderwagen hat vier Räder und ein Auto hat vier Räder. Aber ein Auto hat einen Motor und ein Kinderwagen nicht, der muss geschoben werden.

Muss dein Kinderwagen geschoben werden?

Schiebst du Mamas Auto? Oder dein Papa?

Da muss ich mal überlegen.

¬- - -

?

¬- - -

zzzzzz

Jaja, denken macht müde.

Dann schlaf mal schön, mein Kleines.

6. November

Oma, ich bin völlig fertig.

Du auch? Ich habe heute sehr viel gearbeitet und bin deshalb ganz erschöpft. Wovon bist du so fertig?

Ich musste so viel hören.

Ja was denn?

Mama hat dem Papa so viel gesagt, was er tun soll und so.

Aha, ich verstehe nicht ganz.

Aber Oma, du weißt doch, das Klara Schnupfen hat und wir keine Niestücher mehr haben. Also sollte Papa mit Klara zum Kinderarzt fahren und dort welche holen.

Niestücher. Beim Kinderarzt.

Genau das hat Mama gesagt.

Glaub ich nicht.

Oma!

Ja?

Wenn die Mama das doch sagt!

Abgesehen davon, was hat dich da so fertig gemacht?

Das ist wegen den Tüchern. Ich habe versucht, zu niesen.

wäääh

Und ich weiß nicht, wie das geht. Ich habe sooo gehört, immer wieder.

Musste Klara niesen?

Ja, richtig. Das musste ich so genau hören und dann habe ich geniest und weiß gar nicht, was das ist und wie das geht. Ich muss das doch können, oder?

Nein, musst du nicht.

Warum nicht? Klara kann, Julian kann es …

Niesen muss man nicht lernen, niesen geht von alleine. Das ist nämlich ein Reflex.

Woher willst du das denn wissen?

Weiß ich eben.

Dann nies doch mal, Oma.

Kann ich nicht so einfach.

Siehst du, du kannst es auch nicht.

Weil es ein Reflex ist.

Dann reflexe doch mal.

Gut, mach ich *reflex*

Und? Ich höre nichts.

ganz-doll-reflex

*Nix, Oma. Jetzt versuche ich es mal *reflex**

„Haatschieeeeee!"

Hurra!

Moment, das war doch Klara.

Klara ist meine Schwester, also gilt das.

Nun gut, wenn zwei Schwestern zusammenhalten, gibt man sich als Großmutter besser geschlagen.

Ich habe gewonnen, hurra!

Herzlichen Glückwunsch. Ich gehe jetzt mal und übe das Reflexen.

Ja, das solltest du machen, Oma.

Dann bis morgen, mein Kleines.

Bis morgen, Oma.

7. November

Hurra! Ich habe gewonnen! Hurra! Hurra! Hurra!

Was hast du denn gewonnen? Wir haben doch noch gar nicht gespielt.

Nicht? Dann sollten wir mal spielen, Oma.

Wie wäre es mit Verstecken?

Ja, prima. Fang du an, Oma.

Okay *versteck*

Jetzt musst du mich suchen.

Nein, falsch, ich muss erst zählen: eins, zwei, siebenzwiebel …

Siebenzwiebel? Was ist das denn für eine Zahl?

Das solltest du aber wissen!

Weiß ich aber nicht.

Dann weißt du es jetzt.

Ich bemühe mich. Also zähle bitte noch einmal bis – ahem – siebenzwiebel. Meine Güte, geht mir das schwer über die Tastatur.

Eins, zwei, siebenzwiebel … ich komme!

Oma-such

Wo kann sie nur sein?

Oma, wo bist du?

Du musst mich doch suchen *ganz-doll-versteck*

*Ich finde dich aber nicht *heul**

Ich sitze an meinem Schreibtisch.

Ach so.

Ich habe gewonnen!

Oh, nein.

Dann suche ich dich jetzt mal. Ich zähle bis – so help me god – siebenzwiebel:

Eins, zwei, siebenzwiebel.

versteck

such

Ah, ich sehe dich. Du sitzt mit Mama auf der Couch und ihr esst gerade einen Apfel.

Stimmt, Mist.

Ich habe wieder gewonnen. Hurra! Hurra! Hurra!

Glückwunsch, Oma.

Danke, mein Spatzenkind. Willst du jetzt mal verstecken üben?

Ich glaube, das sollte ich. Bis morgen dann, Oma.

Bis morgen, mein Kleines.

8. November

Guten Abend, mein Spatzenkind.

Guten Abend, Oma. Ich habe gehört, dass du mir etwas geschickt hast. Was ist das denn?

Woher hast du das denn gehört? Deine Mama weiß davon noch gar nichts.

Vom Storch, Oma. Der ist heute am Fenster vorbeigeflattert und hat es mir gesagt.

Soso, vom Storch.

Ja genau. Was ist das denn nun?

Ich habe dir Babysöckchen geschickt und zwar welche mit Weihnachtsmotiv.

Damit du immer warme Füßchen hast.

Moment, ich fühle mal eben meine Füßchen:

Füßchen-fühl

Sie sind aber ganz warm.

Jetzt sollst du die ja auch noch nicht anziehen, du brauchst sie erst, wenn du geboren bist. Weil dann Winter ist und im Winter ist es kalt.

Hast du auch Socken, Oma?

Eine ganze Menge.

Auch mit Eisnachten?

Du meinst mit Weihnachtsmotiv, nein.

Warum denn nicht?

Ich mache mir nichts daraus.

Aber ich soll, ja?

Ich würde mich freuen.

Hm, ich weiß nicht …

Was weißt du nicht?

Du hast keine von diesen Socken, ich soll sie aber anziehen.

Mein Kleines, du kannst sie dir ja ansehen und dann entscheiden.

Was ist denn das schon wieder?

Erkläre ich dir später.

Und ich soll das jetzt schon machen?

Dann glaube mir einfach, dass die Söckchen total süß sind und ganz kuschelig warm.

Das hättest du auch direkt sagen können.

Ich meine, ich hätte das.

Haben wir jetzt Streit, Oma?

Ich hoffe nicht.

Ich hoffe auch nicht. Was ist hoffen?

Sich etwas wünschen.

Ach, das kenne ich. Ich wünsche mir Fischstäbchen zum Frühstück, wie Julian.

Dann wünsche ich dir, dass dieser Wunsch in Erfüllung geht. Ich frage morgen mal nach, ja?

Ja, Oma. Dann bis morgen.

Bis morgen, mein Kleines.

9. November

Oma, es ist etwas passiert!

Meinst du die Quarantäne von Julian und Klara?

Karanatata? Kenne ich nicht. Nein, die Laterne von Julian ist kaputt! Schrecklich. Er hat so geweint. Kannst du meinem Bruder helfen?

Werde ich gerne machen. Höre mal hin, wenn es morgen an der Tür klingelt.

Das kann ich schon gut hören.

Dann kommt nämlich ein Päckchen mit einem Bilderbuch. Darin steht eine Geschichte über einen kleinen Jungen mit seiner St.-Martins-Laterne. Es sind auch viele schöne Bilder darin.

Das Buch tröstet Julian sicher.

Und Mama liest vor? Hurra! Ich freue mich. Das ist immer so gemütlich. Und dann gehen wir mit dem Laternenbuch zum Martinszug.

In diesem Jahr leider nicht, mein Schatz. Aber im nächsten Jahr ganz bestimmt. Da wirst du große Augen machen und staunen und sicher selber schon eine kleine Laterne haben.

Hast du auch eine Laterne, Oma?

Nein, aber früher als Kind habe ich natürlich eine gehabt. Die habe ich selber gebastelt. Und stell dir vor, sie konnte sprechen.

Was hat sie denn gesagt?

Sie hat gesagt, dass es ihr im Schrank, wo sie warten musste, zu langweilig sei und sie sich daher einen anderen Nikolaus gebastelt und aufgeklebt hätte. Ich war damals ganz begeistert, dass meine Laterne sprechen konnte, und erzählte davon meinem Bruder. Der meinte aber nur, ich solle mir ein Mittel gegen Albträume verschreiben lassen.

Das war aber ein doofer Bruder, Oma.

Nun, es war alles nur eine Geschichte, die ich mir als kleines Mädchen ausgedacht hatte.

Und jetzt, Oma? Denkst du dir heute immer noch Geschichten aus?

Täglich, mein Schatz.

Glaub ich nicht.

seufz dieses Buch hier wimmelt von solchen Geschichten und ich schreibe sie nur für dich.

Danke, Oma, aber ich habe schon ein Buch.

An dieser Stelle schaute die Oma etwas bedröppelt (das ist Barmer Platt und bedeutet so viel wie schielend) aus ihrer Wäsche ... aber lassen wir das und schreiben/lesen einfach mal weiter. Mal schauen, was noch passiert.

Oh, Moment, Mama sagte gerade etwas.

Spatzenkinds Mama: „Kinder, was soll ich heute Abend vorlesen?"

Mamas Kinder: „Ein Buch, das Oma geschrieben hat!"

Ich gebe zu, das ist erlogen, schreibt sich aber sehr hübsch.

Zurück zum Spatzenkind:

Okay, vielleicht schreibst du ja später mal Geschichten.

Glaube ich nicht, ich werde doch mal Blubberin.

Auch ein hübscher Beruf ... und so selten.

Gar nicht.

Wetten?

Gerne, aber morgen erst, Mama liest jetzt vor – eine Geschichte von einem kleinen zweifarbigen Teufel, Paksie heißt der.

Nein, Pieksi.

Woher willst du das denn wissen?

Lassen wir das. Viel Spaß und bis morgen dann.

Bis morgen, Oma.

10. November

Hallo, mein Spatzenkind.

Oma, ich werde gerade getestet und muss den Mund weit aufmachen

Mund-weit-aufmach

Wasser-schluck

wäääh

Klar, du schluckst dann Fruchtwasser, das ist aber doch nicht schlimm.

Und außerdem musst du gar nicht deinen Mund aufmachen.

Hat Mama aber gesagt und Papa auch.

Das gilt nur für Julian und Klara, Ungeborene werden nicht getestet. Das geht ja auch gar nicht.

Woher willst du das denn wissen?

Ich schicke dir mal einen Link von der Bundesregierung.

Von was?

Egal, wie geht es denn deiner Familie?

Bestens, glaub ich.

Und dir?

Bestens, ich bin sooo stark geworden. Oh, ich bin dran:

Mund-weit-aufmach

Nein, deine Mama ist dran, mein Kleines.

Was ist das überhaupt? Ich weiß gar nicht, was los ist.

Mama, Papa, Klara und Julian sind bei einem Center und lassen sich auf Corona testen.

Ah, dieses Vuris.

Virus, mein Schatz.

Sag ich ja.

Ist Testen denn gut?

Sicher.

Jetzt ist Papa dran.

Jetzt Julian.

Jetzt Klara.

Jetzt ich.

Nein, du nicht.

Ich will aber!

Komm, wir spielen das.

Spatzenkind, du bist an der Reihe. Jetzt mach mal den Mund ganz weit auf.

Mund-ganz-weit-aufmachen

mit-einem-Wattestäbchen-das-Spatzenkind-teste

Mund-immer-noch-ganz-weit-aufmachen

Fertig, du kannst den Mund zumachen.

Testergebnis-abwart

So, du bist negativ.

Ist das gut?

Ja.

Hurra! Jetzt bist du dran, Oma.

Mach mal deinen Mund ganz weit auf.

Mund-aufmach

test

Und? Hab ich Corona?

Nein, Oma. Aber morgen machen wir das nochmal.

Du aber auch.

In Ordnung.

Oma, wir sind fertig und fahren jetzt nach Hause. Dabei schlafe ich immer ein.

Dann bis morgen.

*Bis morgen *wink**

11. November

Hallo Oma, wir gehen gerade mit dem Martinszug.

Echt? Die Züge sind doch alle abgesagt.

Unserer nicht, wir gehen durch den Garten. Kannst du mal singen?

sing

**Ich geh mit meiner Laterne
und meine Laterne mit mir.**

Jetzt du:

sing

Dort oben leuchten die ...

Wer leuchtet oben, Oma?

Die Sterne, mein Spatz.

sing

Dort oben leuchten die Sterne ...

Wieso eigentlich?

Wo sollen sie den sonst leuchten?

Unten bei uns.

Dafür sind sie viel zu groß und zu heiß.

Glaub ich nicht, Mama hat Klara und Julian dicke Jacken angezogen.

Weil es draußen kalt ist. Die Sterne sind viel zu weit weg, die können nicht wärmen.

Dann kann man sie doch runterholen.

seufz kann man nicht.

Warum nicht?

Weil – wie ich schon sagte – die Sterne viel zu groß und zu heiß sind.

Glaub ich nicht.

Dann flieg doch hin und schau nach.

Mach ich.

zu-den-Sternen-flieg

hinterherflieg

Autsch!

Heiß, nicht wahr?

Und wie.

wieder-zurückflieg

wieder-hinterherflieg

So, jetzt hast du es gesehen.

Hab ich. Singen wir weiter?

sing

Und unten leuchten wir.

sing

Mein Licht geht aus

… wieso eigentlich?

Du hör mal, wir kommen keinen Schritt weiter, wenn du solche Fragen stellst.

wääh

Ich will das doch nur wissen.

Verstehe, aber diese Fragen können wir doch nach unserem Martinszug klären, oder?

Dann muss ich ins Bett.

Dann morgen.

Gut, morgen.

weiter-sing

Wir gehen nach Haus,
rabimmel, rabammel, rabumm.

Unser Garten ist zu Ende, wir sind fertig.

Ich muss jetzt uns Bett.

Bis morgen, Oma.

Bis morgen, mein Spatzenkind.

12. November

Guten Abend, mein Spatzenkind. Wie geht es dir denn?

Hallo Oma, ich habe schon auf dich gewartet.

Gibt es etwas Besonderes?

Nein, ich wollte nur mit dir plaudern, das ist so schön.

Oh, das freut mich. Ihr hattet heute Morgen ja schon eine gute Nachricht, ihr seid alle negativ getestet.

Ja, Mama hat das gesagt. Ich weiß aber nicht, was eine Nachricht ist.

311

Eine Nachricht ist, wenn man etwas erfährt, was man noch nicht weiß.

Und woher weiß ich, was ich noch nicht weiß?

Das erfährst du, wenn du die Nachricht erfährst.

Du redest wie Mama …

Ist ja auch mein Kind.

Und ich bin Mamas Kind.

Also bist du das Kind von meinem Kind, mein Kindeskind.

Oma, was sind Kopfschmerzen? Ich glaube, ich bekomme sie gerade.

Ich höre schon auf. Wollen wir was spielen?

Ja, wir können mit einem Ball spielen.

Ja, das mache ich gerne. Soll ich anfangen?

Ja, Oma.

Also

dem-Spatzenkind-einen-schönen-roten-Ball-zuwerf

auffang-und-zurückwerf

Upps *nicht-fang*

Oma! Pass doch auf!

,tschuldige

den-schönen-roten-Ball-aufheb-und-zum-Spatzenkind-werf

auffang-und-zurückwerf

schon-wieder-nicht-fang

Oma, du hast verloren!

Ich denke auch …

Hurra, ich habe gewonnen.

Herzlichen Glückwunsch!

Danke. Oma, Mama liest vor, ich muss jetzt ins Bett.

Dann schlaf schön.

Bis morgen, Oma.

13. November

Huhu Oma, ich bin mit Mama beim Aharzt.

Huhu, mein Spatzenkind. Aharzt? Ach, du meinst Arzt. Wie läuft es denn da?

Gut, Mama wird gerade gemessen, ob sie gewachsen ist und ich werde gewogen.

Sicher umgekehrt. Wieviel wiegst du denn?

Siebzig, glaube ich, und Mama 1400, oder so. Bin ich zu schwer?

Bestimmt nicht, eher zu leicht. Du solltest mehr essen.

Ja, Fischstäbchen.

Kriegst du später.

Jetzt macht der Aharzt ein Foto von Mama. Warum nicht von mir?

Das Foto wird schon von dir sein. Wurde auch Mamas Blutdruck gemessen?

Nein.

Woher willst du das denn wissen?

Ich bin ja dabei und merke das.

Verstehe …

Wir sind fertig, Oma.

Dann geht ihr jetzt?

Ja, wir sagen gerade tschüs.

Jetzt sitzen wir im Auto und fahren nach Hause. Papa ist ja da.

Das ist gut.

gähn

Ach ja, Autofahren macht müde.

Dann schlaf mal, Kleines.

zzzzzzz

Ein kurzes Interview ...

14. November

Guten Abend, mein Spatzenkind. Wie geht es dir?

Hallo Oma, ich glaube, ich muss däten.

Däten?

Ja, ich bin zu dick. Mama hat mich ja wiegen lassen.

Dein Gewicht wurde gestern beim Arzt bestimmt, du wiegst 1800 Gramm. Das ist doch schön und du bist gar nicht zu dick, sondern genau richtig.

Hat Papa aber gesagt.

Dein Papa meint sich selbst, er kämpft doch immer mit den Pfunden. Und gerade jetzt im Herbst und im Winter futtern die meisten Leute vermehrt Schokolade, Kuchen und Plätzchen – Opa ja auch. Du musst nicht diäten. Wie sollte das auch gehen?

hicks

Oh, wieder ein Schluckauf?

Ich weiß nicht *hicks-und-hicks*

Hast du zu viel Fruchtwasser getrunken?

Ich weiß nicht *hicks-und-hicks*

Du übst das Luftholen, richtig so.

reck-und-streck upps, das geht gar nicht mehr. Ich bin doch zu dick *wäääh*

hicks

Der Platz wird immer enger, klar, du wirst ja auch immer größer.

*Was kann ich da machen, Oma? *hicks**

Gar nichts, das klärt sich von alleine.

hickshickshicks

Mein armes Spatzenkind. Vielleicht hilft das: Nase zuhalten und bis drei zählen.

*Ich versuche es mal: *Ohren-zuhalt-drei-drei-drei**

. . .

Und?

. . .

Juhu, der Hicks ist weg. Oma, du bist fabelhaft.

Vielen Dank.

*Ein Glück, jetzt kann ich wieder Atmen üben *ganz-tief-einatme**

hicks

Oh nein …

*Macht nichts, Oma. Ich muss jetzt aufhören mit dem Üben, denn Mama liest vor, danach geht es ins Bett. Bis morgen *wink**

Bis morgen, mein Kleines.

15. November

Oma, ich warte schon auf dich.

Hallo, mein Spatzenkind. Ist was los? Gibt es was Neues?

Nein, Oma. Ich warte nur schon. Wollen wir spielen?

Ja, klar. Hast du eine Idee?

Wir könnten mit den Spielsteinen etwas bauen. Was meinst du?

Gerne, du meinst die kleinen bunten Plastiksteine?

Genau die, Klara und Julian haben heute den ganzen Tag damit gespielt. Wir können ja nicht raus wegen der Kantatäne.

Ja, die Quarantäne dauert noch bei euch.

Hast du auch so eine Kantatäne?

Nein, aber ich gehe auch sehr wenig raus, nur zum Einkaufen.

Hast du denn auch kleine Plastiksteine?

Ja, klar, ich habe ganz viele hier. Klara und Julian spielen immer damit, wenn sie hier sind und du auch bestimmt im nächsten Jahr.

Spielst du auch damit?

Nur wenn ihr Kinder hier seid, sonst nicht.

Dann spielen wir jetzt mal damit, Oma. Ich fange an. Ich nehme jetzt zwei Steine und baue ein Haus.

Mit zwei Steinen?

Ja, sind das zu viele?

Eher zu wenige.

Dann nehme ich noch siebenzwiebel Steine dazu, jetzt müsste es klappen. Wie baut man denn ein Haus, Oma?

Einfach die Steine ineinanderstecken.

*Das kann ich aber noch nicht *wäääh**

Da hast du Recht, dann ist das ein dummes Spiel.

Kann das Mini-Knoerwelchen mit den Steinen spielen, Oma?

Nein, mein Spatzenkind, das Mini-Knoerwelchen kann das auch noch nicht. Das muss noch das Greifen besser üben.

Ich ja nicht, ich kann das schon.

Ja, das ist prima.

Wollen wir etwas anderes spielen?

Würde ich ja gerne, Oma, aber Mama liest schon die Gute-Nacht-Geschichte vor und dann muss ich schlafen. Klara und Julian liegen schon im Bett. Ich ja auch.

Du auch, jaja …

Gut, dann spielen wir morgen was Schönes.

Bis morgen, Oma. Ich freue mich schon.

Ich mich auch *wink*

16. November

Spatzenkind, bist du da?

Natürlich, Oma. Und du, bist du auch da?

Ja, dann sind wir beide da. Was hast du heute gemacht?

Ich bin ja in Kantatäne, Oma, und es hat geregnet. Ich habe mit dem Haus gespielt.

Mit welchem Haus?

Mit unserem natürlich, von oben nach unten. Das war vielleicht anstrengend …

Also Mama hat mir geschrieben, dass ihr im Haus gespielt habt und zwar alle Stockwerke durch.

Genau das. Erst waren wir im Kinderzimmer, dann im alten Kinderzimmer, dann im Schlafzimmer, dann im Wohnzimmer, dann im Esszimmer, dann in der Küche. In der Küche haben wir gekocht.

Was habt ihr denn gekocht?

Mich.

Dich?

Oder? Moment, nein, es waren Fischstäbchen für mich. Ja, das war es.

seufz da hast irgendwas missverstanden.

Meinst du? Dann hat Klara einen Pudding gekocht, aber der ist auf den Boden gefallen.

Oh je …

Papa muss heute Abend putzen.

Das kann ich mir denken.

Dann haben wir ein Haus gebaut.

Aus den kleinen Steinen?

Nein, aus Holz. Julian hat einen Baum geholt.

Nun wird es bizarr.

Nein, es wurde lustig. Dann haben wir gemalt. Ich ja auch.

Du hast gemalt …

Natürlich. Du Oma, ich rede ja nicht von heute, sondern vom nächsten Jahr.

Ach, das war ein Blick in die Zukunft.

Hast du das nicht gemerkt?

Nein …

Dann weißt du es jetzt. Und jetzt bekomme ich meinen Brei und eine frische Windel, dann muss ich ins Bett.

Im nächsten Jahr?

Gute Nacht, Oma. Komm doch morgen zu Besuch und pass auf mich auf, ja?

Mach ich, bis morgen, mein Schatz.

Und das war ein Blick in meine Glaskugel
hauch-und-sie-blankwisch

17. November

Oma, hast du das Bildchen gesehen, dass ich auf Mamas Handy für dich getippt habe?

Ich habe einige Bilder gesehen, sie waren von Julian und Klara.

Aber auch von mir.

Echt? Welches war denn von dir?

Das mit der Torte.

Oh, vielen Dank.

Bitte, bitte. Bekomme ich auch ein Bild von dir?

Natürlich, wenn ich mein Handy in der Hand habe.

Jetzt nicht?

Geht jetzt nicht, hier im Buch ist das schwierig.

Warum denn?

Weil das Bildchen schön bunt sein soll und das Buch hier ist schwarz-weiß.

Aha, verstehe ich nicht.

Hat was mit dem Druck zu tun.

Ja, gut. Aber du sag mal, wann kommt eigentlich der Nikolaus?

In etwa zwei Wochen, warum?

Meinst du, der bringt mir auch schon etwas mit? Ich meine, weil ich ja noch gar nicht geboren bin. Dabei bin ich schon da!

Ich weiß, ich rede ja mit dir. Ich denke, der Nikolaus bringt dir auch etwas mit.

Woher weißt du das?

Weil ich dein Geschenk schon gesehen habe.

Uiii, was ist es denn?

Soll ich es dir verraten?

Oh ja, bitte.

Ein Babygreifling, ein kleines Schaf. Wenn du es bewegst, ertönt ein lustiges Rasselgeräusch.

Das möchte ich haben!

Kriegst du ja auch.

gähn Oma, ich bin sooo müde.

Dann schlaf mal schön, mein Kleines.

Bis morgen, Oma.

18. November

Guten Abend, mein Spatzenkind.

?

Spatzenkind, bist du da?

zzzzzz

Oh, du schläfst schon ...

gääähn

reck

Oh, hallo Oma. Ich habe sooo lange auf dich gewartet ...

Mein Kleines, ich bin heute etwas spät dran, tut mir leid. Habe ich dich geweckt?

Nein, hast du nicht. Mama liest gerade vor, ich muss sowieso ins Bett.

Aha ...

Warum bist du denn so spät dran?

Ich habe mit Opa einen Film geschaut.

Ach, das kenne ich. Das macht Mama abends mit Papa auch immer und dann schlafen Mama und ich auf der Couch ein.

Genau, ich schlafe auch oft dabei ein.

Und ich schlafe ein, wenn Mama vorliest. Schläfst du auch ein, wenn Opa vorliest?

Nein, Opa liest mir nicht vor.

Ja, warum denn nicht?

Hm, darüber habe ich noch nie nachgedacht.

Das solltest du aber, Oma!

Ich frag Opa nachher mal. Wie war dein Tag heute?

Wie immer, Oma.

Wart ihr heute spazieren?

Nein, wegen der Kantatäne geht das nicht, hat Mama gesagt.

Verstehe, habt ihr viel gespielt?

Das weiß ich nicht, ich habe viel geschlafen.

Klar, verstehe.

gähn

zzzzzzzzzz

Oh je, das wird heute wohl nichts mehr. Dann schlaf mal schön, mein Kleines.

„Das kommt davon, wenn man zu spät kommt", sagte die Oma, und sah sich noch einen Film mit Opa zusammen an. Aber pssst, nichts dem Spatzenkind verraten.

19. November

Guten Abend, mein Spatzenkind. Bist du noch wach?

Hallo Oma! Ja, wir haben noch nicht einmal zu Abend gegessen. Papa brät gerade Fischstäbchen.

Wie lecker!

Ja, die mag ich am liebsten.

Ich weiß.

Hast du gesehen? Klara und Julian malen gerade.

Ja, Mama hat mir ein Foto geschickt. Sehr schön.

Ich ja auch.

Du malst?

Natürlich.

Soso – vielleicht mal später.

Kann sein, Oma.

Ich habe ein neues Auto.

*Ich weiß, Oma *gähn* Mama hat mir die Bilder gezeigt. Das Auto ist lila.*

Nein, silbergrau.

Gar nicht, es ist lila.

Stimmt nicht.

Woher willst du das denn wissen?

Vielleicht ... weil es mein Auto ist und ich damit gefahren bin?

gähn

Hörst du mir zu?

Nein.

Im nächsten Jahr hole ich dich mal mit dem Auto ab und nehme dich mit nach Wuppertal.

wäääh ich will aber bei Mama bleiben.

Warte es ab, Julian springt nur so ins Auto, wenn ich ihn abhole. Hier ist es wirklich toll.

Nur mit Mama.

Ja, ist gut, dann mit Mama.

Die Fischstäbchen sind fertig, Mama und ich müssen jetzt essen.

Dann guten Appetit, mein Kleines. Bis morgen.

Bis morgen, Oma.

20. November

Hallo, mein kleines Spatzenkind.

Huhu Oma. Erzählst du mir eine Geschichte vom Mini-Knoerwelchen?

Gerne. Also … das Mini-Knoerwelchen war nun schon einige Wochen zu Hause und verbrachte die Tage in seiner Wiege, die im Wohnzimmer stand, und die Nächte in seinem kleinen Bett im Schlafzimmer. Es schlief, trank seine Milch, wurde gewickelt und schlief dann wieder. Doch eines Tage geschah etwas Aufregendes …

Was denn, Oma?

In der Wiege, links neben seinem Köpfchen, lag auf einmal ein kleines Schaf aus Stoff. Das Mini-Knoerwelchen sah es ganz erstaunt an. Wo kam es nur her? Als das Kind eingeschlafen war, hatte es dort noch nicht gelegen. Das Stofftierchen sah so hübsch aus, das Mini-Knoerwelchen wollte es gerne streicheln und streckte seine Hand danach aus ... und konnte es nicht erreichen.

Was hat das Mini-Knoerwelchen dann gemacht, Oma?
Hat es die Mama gerufen?

Nein, das Mini-Knoerwelchen hat versucht, sich etwas auf die linke Seite zu drehen. Aber auch das klappte nicht. Dann hat es versucht, ein wenig nach links zu robben, also den ganzen kleinen Körper nach links zu bewegen.

Hat das geklappt, Oma?

Leider nicht. Dann ist das Kind eingeschlafen. Als es wieder wach wurde, lag das Schäfchen immer noch da. Mama kam, hielt das Stofftierchen hoch und schüttelte es, da ertönten lustige Geräusche. Das Mini-Knoerwelchen wollte seine Hände nach dem Spielzeug austrecken, konnte es aber noch nicht. Es war zu klein. Aber seine Mama hat an seinen Augen gesehen abgelesen, was es wollte, und drückte dem Kind das Schäfchen in eine Hand.

Ein Glück, Oma.

Das finde ich auch.

Und dann hat das Mini-Knoerwelchen endlich damit spielen können.

Und war glücklich, ja.

Eine sehr schöne Geschichte, Oma.

Und für heute ist Schluss, mein Kleines, es ist schon spät.

Ja, ich muss ins Bett.

Ich auch.

Bis morgen, Oma.

Bis morgen, Spatzenkind.

21. November

Guten Abend, mein Spatzenkind.

Guten Abend, Oma. Wie ging es weiter mit dem Mini-Knoerwelchen?

Ich erzähle es dir. Das Mini-Knoerwelchen hielt also nun das Stofftierchen in seinen Händen und drückte es. Es fühlte sich ganz weich an, das war herrlich. Mit beiden Händen hielt es das Spielzeug fest und versuchte, es zu schütteln, wie Mama es getan hatte. Machte es dann wieder so lustige Geräusche? Nein, nichts war zu hören. Das Mini-Knoerwelchen schüttelte das Schäfchen ein bisschen mehr – und verlor es aus den Händen.

Meine Güte, Oma. Wohin fiel das Schäfchen denn? Aus der Wiege heraus?

Nein, mein Kleines, so schlimm war es nicht, aber das Stofftierchen purzelte schwuppdiwupp nach unten und war unerreichbar für das Kind. Nun weinte das Mini-Knoerwelchen und Mama kam aus der Küche herbeigelaufen.

Und gab das Schäfchen wieder dem Mini-Knoerwelchen, oder?

Ganz genau. Glücklich hielt das Baby sein Spielzeug wieder in seinen kleinen Händen und drückte es und …

Und? Was denn ‚und‘, Oma?

Das Mini-Knoerwelchen führte das Schäfchen zu seinem kleinen Mund und kaute daran.

Ja, darf man das, Oma?

Natürlich! Auch dafür ist so ein Spielzeug da.

*Dann will ich das auch machen. Ich bekomme ja auch
so ein Schäfchen vom Nikolaus.*

Das kannst du dann machen, mein Schatz. Und
weißt du, was dann geschah?

Nein, bitte erzähle es.

Das Schäfchen machte lustige Geräusche, als das
Mini-Knoerwelchen es mit Händen und Mündchen
drückte. Das hat vielleicht Spaß gemacht, du glaubst
es nicht. Den ganzen Tag spielte das Kleine nun mit
diesem Stofftierchen und war froh und glücklich.
Froh und glücklich war auch die Mama, weil ihr
kleiner Liebling so zufrieden in seiner Wiege lag und
spielte, denn diese Mama hatte noch andere Kinder
und immer viel zu tun.

Wie findest du das?

Spatzenkind?

zzzzzzzzzz

Ist nicht wahr, meine Geschichten wirken doch
immer ... *gähn*, dann geht die Oma auch mal zu
Bett.

Gute Nacht, allerseits.

22. November

Oma, ich bin sooo glücklich.

Du auch? Ich auch.

Du auch? Ich auch.

Was macht dich denn so glücklich?

*Papa hat meine Wiege aufgebaut und Mama hat mich
hineingelegt, ob ich wohl passe. Das war sooo schön.*

Du hast das geträumt, oder?

Nein, das war wirklich so. Und stell dir vor, direkt neben meinem Kopf lag ein Schäfchen und ich konnte es greifen. Das habe ich geschafft und dann hat das Schäfchen ulkige Geräusche gemacht.

Hm, kommt mir bekannt vor.

Mir auch ...

Wohl doch nur ein Traum?

Was ist ein Traum, Oma?

Etwas, was nur in der Phantasie existiert oder was man im Schlaf erfährt.

Du redest wieder komisch, Oma.

Erzählst du mir was vom Mini-Knoerwelchen?

Mein Kleines, dann würde ja fast das halbe Buch davon handeln.

Ist das mein oder dein Buch, Oma?

Dein Buch, mein Schatz.

Also bitte, Oma!

Nun gut. Das Mini-Knoerwelchen lernte also nun jeden Tag das Greifen und bald gelang es ihm immer besser. Nicht nur das Schäfchen konnte es nach einiger Zeit gut in die Hand nehmen, sondern auch einen gestreiften Greifring, den Oma Mia mitgebracht hatte. Dann legte Klara einen Baustein neben das Kind und auch diesen konnte es greifen und in den Mund stecken. Daraufhin kam Mama angerannt, schimpfte mit Klara und nahm dem Mini-Knoerwelchen dieses Steinchen wieder ab.

Das war aber gemein von Mama.

Gar nicht, das Steinchen war zu klein, das Baby hätte es verschlucken und krank werden können. Aber nun weinte das Mini-Knoerwelchen, weil es das nicht verstand, und Klara weinte, weil Mama geschimpft hatte.

waääh

Warum weinst du denn auch?

Weil die Geschichte so traurig ist.

Nun ja, sie ging aber gut aus, höre nur weiter zu:

Mama nahm nun das Mini-Knoerwelchen aus der Wiege und Klara an die Hand. Sie zog beiden eine Jacke an, legte das Baby in den Kinderwagen und ging mit den beiden Mädchen nach draußen. Sie gingen spazieren. Das Weinen hörte auf.

Dann kamen sie in eine kleine Straße, in der eine Eisdiele war. Mama ging mit den Kindern hinein und bestellte einen Eisbecher für Klara, ein Sahnehörnchen für das Mini-Knoerwelchen und für sich einen leckeren Kaffee. Dann durfte das Mini-Knoerwelchen zum ersten Mal in seinem Leben Sahne probieren.

Hurra! Wie hat dem Mini-Knoerwelchen denn die Ahne geschmeckt?

Du meinst die Sahne ... sehr gut. Beide Kinder sabberten sich voll. Aber das war nicht schlimm.

Ich möchte auch ein Ahne-Örnchen haben, Oma.

Bekommst du im nächsten Frühjahr, mein Schatz.

Versprochen?

Versprochen! Und jetzt aber ab ins Bett, es ist schon spät. Wir haben lange geplaudert.

Bis morgen, Oma.

Bis morgen, Spätzchen.

Und die Nachwelt wird nie erfahren, warum die Oma an diesem Tag glücklich war ... fragen Sie doch einfach den Sternenzwerg, ich glaube, er kann es Ihnen verraten.

23. November

Hallo Oma.

Hallo, Spatzenkind. Wie geht es dir?

Gut, Oma.

Du bist jetzt schon richtig groß.

Ich habe kaum noch Platz, Oma. Kann mich nur noch etwas zur Seite drehen. Aber gemütlich ist es.

Bist du müde?

Ja *gähn*

Ich auch, es ist ja schon Abend. Du kannst ja bald schlafen.

Das denke ich nicht, Oma.

Ach ja, du übst, wenn Mama schläft.

Ja, weil es dann so schön ruhig ist. Aber manchmal ist es das nicht. Dann kommen Klara oder Julian aus dem Kinderzimmer herunter, weil sie Angst haben. Ich kann mich dann nicht mehr richtig recken, weil wir alle in einem Bett liegen, glaube ich.

Dann habt ihr alle eine unruhige Nacht. Wie das Mini-Knoerwelchen, als sein großer Bruder Fieber hatte. Die Mama machte das Licht an, holte warmen Tee aus der Küche, während der Bruder weinte.

Oh nein, und was geschah dann?

Nun, das Mini-Knoerwelchen wurde wach und wusste gar nicht, was los war. Es konnte aber schon sehr gut hören und horchte. Da hörte es ganz genau die Stimme von seinem Bruder und Mamas Stimme, die tröstend klang. Das beruhigte auch das Mini-

Knoerwelchen und es schlief wieder ein. Bald schliefen alle Knoerwels wieder und am nächsten Tag war das kranke Kind schon fast wieder gesund.

zzzzzz

Oh, eingeschlafen. Dabei war diese Geschichte doch so kurz ...

24. November

Guten Abend, mein Spatzenkind.

Hallo Oma.

Heute ging alles schief bei mir.

Bei dir auch?

Bei dir auch?

Ja, ich habe an einem Daumen gelutscht, dabei wollte ich doch an meinem anderen Daumen lutschen. Und dann habe ich falsch gehört, als es klingelte. Ich dachte, es wäre mein Storch, und dann war es nur die Post. Und was war bei dir?

Ich habe Opa verloren.

Kein Problem, gucke in deine Jackentasche, da wird er sein.

Wieso das?

Wenn man etwas verloren hat, ist es immer in der Jackentasche. Papa hatte gestern seinen Autoschlüssel verloren und dann war er doch in seiner Jackentasche.

Verstehe, aber Opa passt gar nicht in meine Jackentasche.

*Dann musst du suchen. Ich helfe dir *Opa-such**

auch-Opa-such

Vielleicht ist er in der Garage?

Opa-in-der-Garage-such

Opa-in-der-Garage-find

Da ist er, Oma.

Endlich! Er hat nur die Sommerreifen in die Garage gebracht.

Und die waren in seiner Jackentasche?

Nein, die waren da, wo deine Daumen sind.

zzzzzzz

Gut, dass das Spatzenkind eingeschlafen ist, der letzte Satz war nämlich blödsinnig. Das kommt davon, wenn einer kleinen Oma nichts mehr einfällt.

25. November

Guten Abend, mein Spatzenkind.

Hallo Oma.

Was hast du heute gemacht?

Gehorcht, Oma. Ich kann schon so gut hören. Aber das ist nicht immer schön.

Warum nicht? Was war denn?

Die Klingel.

Also eure Haustürklingel? Die ist doch eigentlich nicht so laut.

Ja, aber sie hat so oft geklingelt, da bin ich immer wach geworden.

Vielleicht kam heute so viel Post zu euch, Mama bestellt ja viel im Internet, weil man schlecht einkaufen kann ... wegen dem Virus.

Ja, genau. Für mich hat sie auch viel bestellt.

Das ist doch schön. Vielleicht bist du geräuschempfindlich?

Was soll das denn sein?

Wenn man geräuschempfindlich ist, stören einen laute Geräusche und viele empfindet man als unangenehm.

schüttel das kann ich dir sagen. Bist du auch so?*

Oh ja, bin ich. Durch meinen Musikunterricht habe ich ein sehr geschultes Gehör und von Natur aus ein feines.

Was kann man da machen, Oma?

Manchmal sich die Ohren zuhalten, wenn man nicht weggehen kann.

Ohren-zuhalt

Na, hilft es?

___

Spatzenkind?

Hast du was gesagt, Oma?

Ja, ich habe gefragt, ob es hilft.

Ich verstehe dich nicht.

Hör mal auf, dir die Ohren zuzuhalten.

Was sagst du?

Hände weg von deinen Ohren!!!

Meine Güte, schrei doch nicht so, Oma!

Du hast mich ja nicht mehr gehört.

Ich sollte mir doch die Ohren zuhalten.

Und die kleine Oma zerbrach sich den ganzen weiteren Abend den Kopf darüber, wie sie aus dieser Nummer wieder herauskam ...

26. November

Hallo, mein Spatzenkind. Wie geht es dir?

Hallo Oma. Gut, es ist ja so gemütlich zuhause.

Du bist also zuhause?

Nein, ich bin mit Papa einkaufen.

Das geht doch gar nicht.

Geht es wohl. Klara und Julian sind auch mit Papa einkaufen, da werde ich ja wohl auch dabei sein können.

Eben nicht, mein Schatz. Du bist gemütlich mit Mama zuhause und ihr lest ein Buch, stimmt's?

Ja Oma, du hast Recht. Aber bald werde ich dabei sein.

So schnell nun auch wieder nicht. Die ersten vier Wochen wirst du schön daheim bleiben, wenn du geboren bist.

Ich möchte aber mal sehen, wie es draußen ist.

Versteh ich ja, aber zuerst wirst du nur schlafen und gar nichts mitbekommen.

Dann mache ich es, wie das Mini-Knoerwelchen.

Da weißt du mehr als ich ... was hat das Mini-Knoerwelchen denn gemacht?

Das ist einfach in seinen Kinderwagen gesprungen, als Papa zum Einkaufen fahren wollte.

Und das konnte es? Springen?

Natürlich, kann ich doch auch schon. Willst du mal sehen?

Gerne.

spring

Soll ich das jetzt mal glauben? Erzähl mir doch lieber, ob du heute etwas Spannendes gehört hast. Hat es geklingelt?

Ja Oma, das Telefon hat geklingelt. Mama hat gefragt: „Wer ist da?"

Und wer war dran?

Der Weihnachtsmann.

Spatzenkind ... es wird absurd.

wäääh

Das musst du gerade sagen!

wäääh

Hast du vielleicht Schnupfen?

Ja, Mama läuft die Nase und ihr Kopf ist heiß.

Das erklärt alles. Geht mir übrigens genauso.

Ist das dieses Varum?

Du meinst das Corona-Virus? Nein, sicher nur ein Schnupfenvirus.

Ich fühle mich mit Mama gar nicht richtig wohl, obwohl es mir dabei gut geht.

Ja, verstehe ... geht sicher bald besser. Heißen Kräutertee trinken, warm einpacken und am besten viel schlafen.

Komisch, das hat Papa auch gerade gesagt ...

Siehst du, dein Papa ist ein kluger Mann. Dann macht ihr beiden das mal und morgen geht es sicher wieder besser.

Dann gute Nacht, Oma. Bis morgen.

Bis morgen und gute Besserung!

27. November

Guten Abend, Spatzenkind. Was macht der Schnupfen?

Oma, es geht gar nicht gut. Klara hat Fieber und ich ja auch.

Du auch? Wie das? Kann ich was für dich tun?

Ja, Oma. Erzähl mir eine Geschichte.

Was für eine Geschichte soll es denn sein? Vom Mini-Knoerwelchen?

Lieber eine vom Nikolaus, wie der unter Wasser war.

Mein Kleines, der Nikolaus ist doch nicht unter Wasser.

Warum denn nicht? Ich bin es doch auch.

Tja, da muss ich mal nachdenken ...

wart

Also ... am Abend des 5. Dezember ging der Nikolaus von Haus zu Haus und verteilte Süßigkeiten und Spielzeug an die braven Kinder und Ruten an unartigen. Es war kalt und neblig. Bald konnte der Nikolaus die Hand nicht mehr vor Augen sehen. Knecht Ruprecht, sein treuer Gehilfe, leuchtete mit einer Laterne den Weg aus, aber das nützte bald nichts mehr. Und da geschah es ...

Was denn, Oma?

Der Nikolaus kam vom Weg ab und stürzte in einen Fluss. Knecht Ruprecht sprang hinterher, um ihm zu helfen, aber das brauchte er gar nicht. Der Heilige Mann ließ sich einfach hinabsinken und kam am Grund des Wassers an. Hier traf er einen Wassermann, der ihn freundlich begrüßte und ihm Luft zum Atmen anbot.

„Danke schön", sagte der Nikolaus, aber ich komme ja vom Himmel und brauche daher keine Luft. Aber was machst du denn hier?"

Der Wassermann freute sich über den hohen Besuch und hoffte heimlich auf Nüsse und Schokolade, denn auch Wasserwesen naschen gern.

„Nun", antwortete er, „ich wohne schon seit Urzeiten hier. Leider ist es mir manchmal etwas langweilig."

„Warum denn?", wollte der Nikolaus wissen.

„Ich bin umgeben von Fischen und die sind ja bekanntlich stumm. So habe ich niemanden zum Reden", klagte der nasse Geselle.

„Das ist ja traurig", meinte der Nikolaus, „aber vielleicht kann ich dir helfen. Komm doch bitte mit nach oben."

Nun stiegen der Nikolaus und der Wassermann aus dem Wasser des Flusses auf und landeten genau bei Knecht Ruprecht mit dem Geschenke-Sack, der im Schnee auf den Heiligen Mann wartete. Nikolaus öffnete den Sack und holte ein kleines Spielzeug-Handy heraus, das aber richtig funktionierte.

„Hier, damit kannst du telefonieren. Du kannst die Engel im Himmel anrufen und mit ihnen plaudern."

Der Wassermann freute sich sehr, bedankte sich und tauchte mit einem „Blubb-blubb" wieder in die Fluten. Seit dieser Zeit hört man aus dem Fluss manchmal ein leises Klingeln, und zwar genau dann, wenn ein Engel den lieben guten Wassermann anruft, um mit ihm zu plaudern.

Ich möchte auch so ein Handy haben, Oma. Dann kann ich mit dem Wassermann und den Engeln im Himmel tefelonieren.

Telefonieren heißt das, mein Schatz. Ja, wenn du lieb und brav bist, bekommst du vielleicht mal so ein kleines Kinder-Telefon.

Das wünsche ich mir, Oma. Danke für die Geschichte, es geht mir schon viel besser.

Und die kleine Oma stellte erstaunt fest, dass Geschichten gegen Schnupfen helfen. Wer hätte das gedacht ...

28. November

Guten Abend, mein Spatzenkind. Jetzt weiß ich bald nicht mehr, was ich schreiben soll ...

Hallo Oma! Dann lass es doch und quatsche mit mir.

Quatschen?

Ja, hat Mama gesagt. Die hatte allerdings keine Zeit heute.

Nun, ich habe Zeit.

Ich ja auch. Also, Oma, was wollen wir quatschen? Vielleicht über die Kerzen, die wir im Wohnzimmer haben? Die sind rund, glaube ich.

Ihr habt einen Adventskranz, der ist rund und hat vier Kerzen.

Das weiß ich nicht. Was sind denn Kerzen?

Lichtquellen aus Wachs. Habe ich auch.

Und warum hat man die?

Das hat mit Weihnachten zu tun. Man zündet Kerzen an und bereitet sich auf das Fest vor.

Mit den Kerzen?

Ja. Und mit einem Adventskalender.

Ich habe keinen ...

Ja, das stimmt. Du bekommst im nächsten Jahr einen von mir. Einen mit Bilderbüchern drin.

Da werden Klara und Julian aber staunen.

Glaub ich nicht, sie bekommen jedes Jahr von mir solche Kalender.

Ach so, und ich habe jetzt keinen, oder?

Ich kann ja einen für dich basteln. Vielleicht so:

Spatzenkinds 1. Adventskalender

1	2	3	4	5	6
7	8	9	10	11	12
13	14	15	16	17	18
19	20	21	22	23	24

Jeden Tag öffnest du ein Türchen und es erwartet dich eine Überraschung.

Du beginnst aber erst in drei Tagen.

Und was für eine Überraschung bekomme ich dann?

Das wird nicht verraten, ist ja eine Überraschung.

Da bin ich aber gespannt, Oma.

Ich auch, das kannst du mir glauben. Dann bis morgen, mein Schatz.

gähn bis morgen, Oma.

29. November

Oma, es ist etwas passiert!

Ja, was denn?

Klara hat heute schon ein Türchen von ihrem Adventskalender geöffnet.

Oh nein, und was hat Mama gesagt?

Mama hat geschimpft.

Und was ist dann passiert?

Dann hat Klara geweint – und ich mit. Weil das so traurig war. Und Papa hat dann versucht, das Türchen wieder zu zumachen.

Hinter dem Türchen war ein kleines Bilderbuch, nicht wahr?

Genau, Oma. Das war herausgefallen und Papa hat versucht, es wieder hinter das Türchen zu drücken.

Hat das denn geklappt?

Nein …

Dann ist das Bilderbuch jetzt draußen?

Ja. Julian wollte es lesen, aber dann war der Kuchen fertig.

Ich weiß, Mama hat leckeren Kuchen zum ersten Advent gebacken. Dann habt ihr Kuchen gegessen und Kakao getrunken und die erste Kerze vom Adventskranz angezündet?

Wieso denn das?

Hab ihr nicht?

Nein.

Ja, du lieber Himmel ... ist noch etwas passiert? Ist etwa der Kuchen angebrannt? Oder war die Milch sauer?

Nein.

Nun sag schon, Spatzenkind.

*Ich weiß es doch nicht *heul* ich bin eingeschlafen und als ich wach wurde, war es ganz still.*

Ich wette, das Kaffeetrinken war vorbei und Julian baute ruhig mit seinen Legosteinen und Klara saß mit Mama auf der Couch und war eingeschlafen.

Ich ja auch.

Na, das war doch ein gemütlicher Adventssonntag. Jetzt während der Pandemie kann man nicht mehr machen. Besuchen geht nicht ...

Spatzenkind?

zzzzzzz

Jaja, gemütlich und etwas langweilig *gähn*

Gute Nacht!

30. November

Hallo, mein Kleines.

Hallo Oma, kann ich jetzt das erste Türchen aufmachen?

Nein, erst morgen.

Schade ...

Wir können aber eine Kerze anzünden, was hältst du davon?

Au ja, darf ich das machen?

Wenn du ganz vorsichtig bist, dann ja.

ein-virtuelles-Streichholz-anzünd

eine-kleine-Spatzenkind-Kerze-anzünd

Hurra, sie brennt! Siehst du das Oma?

Ich ahne es. Das hast du schön gemacht. Und es ist eine hübsche Kerze, sogar mit einem Tannzweig und zwei Glöckchen dabei.

Gefällt mir auch sehr gut, Oma.

Und jetzt mal zurück in die Wirklichkeit, denn kein Ungeborenes kann eine Kerze anzünden. Wie geht es dir, mein Schatz? Gibt es etwas Neues?

Ich bin ganz schön dick geworden, Oma, und weißt du was?

Was denn?

An meinen Fingerchen ist etwas gewachsen. Weißt du, was das ist?

Ja, das sind Fingernägel.

Hast du die auch?

Die hat jeder Mensch, ich habe meine heute geschnitten.

Muss ich das auch machen?

Ja, aber vorerst macht das deine Mama, es gibt spezielle Babyscheren.

Wozu hat man diese Nägeln denn?

Soll ich dir verraten, wozu ich sie am meisten brauche?

Ja bitte.

Zum Gitarre spielen. Besonders, wenn ich auf meiner Flamenco-Gitarre spiele.

Habe ich auch so eine Gitarre, Oma?

Nein, noch nicht. Aber du darfst auf meiner spielen.

Hurra! Ob ich das denn kann?

Klar, du musst es nur lernen, aber das geht fix. Das dauert nur ein paar Jahre, so 5-10, dann kannst du schon prima spielen.

Das ist ja nicht lang und dann spielen wir zusammen, ja?

Abgemacht!

gähn jetzt muss ich schlafen, ich bin so müde, Oma.

Gute Nacht, mein Kleines. Bis morgen.

1. Dezember

Guten Abend, mein kleines Spatzenkind.

Guten Abend, meine große Oma.

Heute ist der erste Dezember und du darfst ein Türchen von deinem Adventskalender aufmachen.

Hurra! Welches denn?

Das mit der 1 drauf.

Ich kann aber doch nicht lesen, Oma.

Wohl eher nicht zählen ... macht nichts, nimm das erste links oben.

Und wo ist links oben, Oma?

Schräg gegenüber von rechts unten.

Ach so, das hättest du auch gleich sagen können, Oma. Einen Moment bitte *Türchen-aufmach*

...

Was ist das, Oma?

Eine Kerze vom Adventskranz, sie brennt. Schön, nicht?

Ja, wunderschön. Prima.

Und jetzt mache ich noch ein Türchen auf, ja?

Nein, erst morgen, mein Kleines. Jeden Tag wird ein Türchen aufgemacht.

Na gut, dann morgen.

Ich muss jetzt ins Bett, Oma. Mama liest schon unsere Gute-Nacht-Geschichte vor.

Dann bis morgen, mein Kleines.

Bis morgen, Oma.

2. Dezember

Hallo Oma, endlich bist du da!

Hast du schon gewartet?

Und wie! Ich habe schon mal ganz vorsichtig in das nächste Türchen reingeschaut.

Hast du etwas gesehen?

Ja, ein Auto.

Nein, das stimmt nicht.

Doch!

Nein, mein Kleines. Nun öffne das Türchen doch mal vollständig.

Türchen-aufmach

Und was siehst du? Ist das ein Auto?

Nein, das ist ein Elefant.

Setz mal deine Brille auf, mein Spatzenkind. Das ist ein kleiner Bär, der Schlittschuh läuft.

Ja, jetzt erkenne ich ihn. Und er hat einen Schal um den Hals, einen blauen.

Einen roten, aber egal.

Ein schönes Bild. Ich möchte auch mal in diesen Schuhen laufen.

Kannst du später mal machen, dann gehst du auf eine Eisbahn und läufst zur Musik.

Machst du das auch, Oma?

Ich? Um Himmels willen, nein. Da würde ich zu sehr wackeln.

Vielleicht wackele ich ja auch, was meinst du?

Vielleicht fährst du aber auch ganz hervorragend Schlittschuh. Probiere es halt aus.

Das werde ich machen, Oma. Darf ich jetzt das nächste Türchen aufmachen?

Nein, erst morgen.

Schade. Dann lese ich jetzt Klaras Bilderbuch.

Ich denke eher, Mama liest es vor.

Das hat sie heute schon hundert Mal.

Glaub ich unbesehen.

Oh nein, nicht schon wieder. Julian will es vorgelesen haben. Ich halte mir die Ohren zu.

gähn

zzzzzz

Na bitte, einschlafen geht auch ohne Gute-Nacht-Geschichte …

3. Dezember

Guten Abend, mein Spatzenkind. Was gibt es Neues?

Hallo Oma, jede Menge. Weißt du was? Mein Schäfchen ist heute angekommen. Mama hat es in meine Wiege gelegt und es ist sooo schön.

Hast du es gesehen?

Beinahe, gehört habe ich es. Mama hat es hin- und her geschüttelt und es macht so lustige Geräusche.

Das freut mich, mein Kleines. Magst du jetzt das dritte Türchen aufmachen?

*Bin schon dabei *Türchen-aufmach**

Oh nein, was ist das denn? Ein Schäfchen. Oma, hast du gesehen?

So ein Zufall …

Papa sagt immer, Zufälle gibt es nicht.

Was ist es dann?

Ich weiß nicht, hat das der Nikolaus gemacht?

Wenn er weiße Haare, blaue Augen und keinen Bart hat, dann ja.

Ich frag Mama.

Mach das.

Mama-frag

Und was sagt sie?

gähn

Na?

zzzzzz

War wohl zu anstrengend heute – oder die beiden Schäfchen haben das Spatzenkind zu müde gemacht *gähn* und die Oma auch *zzzzzz* dann bis Morgen allerseits.

4. Dezember

Hallo Oma!

Guten Abend, hast du schon gewartet?

Ja, Oma. Darf ich das Türchen aufmachen?

Bitte sehr.

Türchen-aufmach

Juhu!

345

Oh, eine Gitarre.

*Ich spiele mal was *klirr**

Öhm, gar nicht so einfach, nicht wahr?

*Ich versuche es nochmal *klirr-klirr**

Hm, vielleicht solltest du doch Unterricht nehmen.

*Mach ich *Unterricht-nehm**

klirr-klirr

Und vielleicht solltest du üben.

*Klar, Oma *üb-üb**

üb-üb-üb-üb

ganz-phantastisch-spiel

Meine Güte, bist du gut. Sogar den F-Barré-Griff schaffst du.

* *F-Barré-Griff-schaff**

ganz-wunderbar-spiel

Du bist ein kleines Genie.

weltberühmt-werd

Konzerte-geb

in-New-York*auftret

in-Mailand-auftret

in-London*auftret

Upps, da ist wohl meine Phantasie mit mir durchgegangen.

Spatzenkind?

zzzzzzz

Ist darüber eingeschlafen ... ein Glück ...

5. Dezember (abends)

Oma, hörst du? Der Nikolaus war da!

Wirklich?

Ja, und er hat mir was in meinen Stiefel gelegt.

Was denn?

*Woher soll ich das denn wissen? *wäääh**

Und woher hast du denn einen Stiefel?

Klara hat einen, Julian hat einen, da werde ich doch wohl auch einen haben.

Und den hast du rausgestellt?

Ja, vor die Tür.

Wo ist denn eure Tür?

Links. Oder rechts. Ich weiß nicht genau. Aber der Nikolaus war wirklich da. Kannst du nicht mal gucken, was ich bekommen habe?

Moment bitte.

wart

immer-noch-wart

schon-mal-das-nächste-Türchen-vom-Kalender-aufmach

Oma, schau mal. Eine Kuh!

Kleines, das sind Weihnachtsglocken.

heul ich kann doch noch gar nicht gucken.

Das ist wohl wahr. Also, mein Schatz, du hast eine süße Baby-Wolldecke vom Nikolaus bekommen. Die wird Mama über deinen Kinderwagen legen, wenn ihr spazieren geht.

Oh, wie schön ... aber Schokolade wäre mir lieber gewesen. Haben Julian und Klara ja auch bekommen.

Die dürftest du noch gar nicht essen. Aber im nächsten Jahr, beim nächsten Nikolausfest, dann wirst sicher einen kleinen Schokoladen-Nikolaus bekommen und essen dürfen.

Dann will ich sofort, dass nächstes Jahr ist. Oh, ich habe keine Zeit mehr, Papa liest eine Gute-Nacht-Geschichte vor, eine von einem Nikolaus.

Dann bis morgen, mein Spatzenkind.

Bis morgen, Oma.

6. Dezember

Heute ist Nikolaustag. Schau doch mal in deinen Adventskalender.

*Hallo Oma. Ich mache das nächste Türchen auf *Türchen-aufmach**

Oh, eine Sonne.

Spätzchen, das ist ein Nikolausstiefel.

Ja, habe ich genau gesehen. Aber weißt du was, Oma? Heute gab es noch mehr Geschenke und die hat auch der Nikolaus gebracht. Ich glaube aber, das war Oma Mia.

Klar, der Nikolaus schafft das oft gar nicht und da braucht er Menschen, die ihm helfen.

Das war nett von Oma Mia.

Sie ist ja auch sehr nett, mein Kleines. Was gab es denn noch für euch?

Also gestern hat Klara ein Friseur-Köfferchen bekommen. Das war gut, weil wir alle frisiert wurden.

Wie Mama mir heute sagte, sogar mehrmals.

Ja, das war lustig. Julian hat eine kleine Dampf-lok bekommen für seine Sammlung und heute neue Schienen.

Und du? Was hast du bekommen?

Na, das süße Schäfchen, Oma. Da hatte ich mich ja schon so drauf gefreut. Das weißt du doch.

Ja, dann war es ein erfolgreicher Nikolaustag.

Hast du auch etwas bekommen, Oma?

Nein, mein Schatz. Der Nikolaustag ist nur für die Kinder da.

Du Oma, wann ist denn Eisnachten?

Du meinst Weihnachten? In etwas mehr als zwei Wochen. Es wird so sein, dass du dann schon geboren bist.

Was muss ich dann machen?

Gar nichts, mein Kleines. Am besten alles verschlafen.

Und dann nimmt mich Mama mit nach Hause?

Ja, ihr bleibt nur kurz im Krankenhaus und du wirst Weihnachten zuhause erleben.

Kommst du dann?

Natürlich. In die Klinik darf ich nicht kommen, wegen dem Virus. Es geht um die Sicherheit. Aber ich besuche dich dann, wenn du zuhause bist.

*Und dann schlafe ich, Oma. Ich bin sooo müde *gähn**

Gute Nacht, mein Kleines.

Gute Nacht, Oma. Bis morgen.

7. Dezember

Guten Abend, mein Spatzenkind.

Guten Abend, Oma. Mir geht es gar nicht gut.

Was ist denn los?

Es drückt so, ich werde schrecklich gequetscht. Was kann ich da machen?

Nicht viel, tut mir leid.

Ich stemme mich ja schon dagegen und strampel ganz viel, aber es hört nicht auf.

Ja, das glaube ich dir. Das sind Wehen, die Mama hat. Da kannst du nichts machen.

Und wenn das nicht aufhört?

Dann wirst du geholt und kommst zur Welt.

Wann ist das denn?

Das kann jetzt schnell gehen.

Da mache ich lieber noch schnell ein Türchen von meinem Kalender auf

Türchen-aufmach

Oh, Schokolade.

Nein, ein Kamin mit einem warmen Feuer darin. Richtig gemütlich für einen kalten Wintertag wie heute.

Mir ist aber gar nicht kalt, Oma.

Nun, es wärmt nicht nur, sondern flackert auch sehr schön. Sieh nur:

flacker-flacker

Ja, wirklich sehr schön.

*Ich glaube *gähn* ich glaube ...*

Was glaubst du?

*Wenn Mama jetzt noch eine Geschichte vorliest *gähn* dann ...*

Was dann?

zzzzz

Und wer das jetzt nicht geahnt hat, der muss das ganze Buch von vorne lesen ...

8. Dezember

Oma, es drückt mich wieder so. Omaaa!

Ja, mein Schatz, ich bin hier.

Oma, und in meinem Bäuchlein drückt es auch so.

Du hast Angst, mein Kleines.

Ich will das nicht.

Komm, gib mir deine Angst.

Oma-die-Angst-geb

Geht es jetzt besser?

Ja, viel besser, Oma.

Dann atme mal tief durch.

tief-durchatme

Es wird alles gut.

*Das sagt Papa auch *nochmal-tief-durchatme**

Und du bist bestimmt Weihnachten zuhause und dann geht es dir sehr gut.

Darf ich das nächste Türchen aufmachen?

Natürlich!

das-nächste-Türchen-aufmach

Ein Teddybär, wie schön.

Vielleicht, es ist ein Weihnachtspäckchen, ein hübsch verpacktes. Da kann ein Teddybär drin sein.

Oder eine Rassel?

Vielleicht ein Püppchen ...

Ein Osterhase?

Wie kommst du denn da drauf?

Kann doch sein.

Ach wo. Dann schau doch mal in das Päckchen rein.

Darf ich das denn?

Warum denn nicht? Sieh mal, dieses Buch geht sicher nicht bis Weihnachten und dann würde das Päckchen nur herumliegen und keiner würde es mehr öffnen.

Ja gut *das-Päckchen-aufmach*

Was ist das, Oma? Es ist ganz kalt.

Eine Schneeflocke, mein Spatzenkind. Und weißt du was? Es schneit gerade draußen.

Hurra, es schneit!

Viele weiße Flocken fallen
ganz leise auf die kalte Welt

sing

mitsing

Kinder haschen sie mit Lachen

ganz-doll-mitsing

haben sie den Schnee bestellt?

Und so sangen das Spatzenkind und die Oma einträchtig und draußen fiel der Schnee wirklich ganz leise auf eine echt kalte Welt ...

9. Dezember

Guten Abend, mein Spatzenkind.

Hallo Oma. Weißt du was? Papa hat heute einen Eisnachtenbaum mitgebracht.

Aha, euer Papa hat schon einen Weihnachtsbaum gekauft. Das ist ja schön.

Ja, Julian und Klara waren ganz aufgeregt und haben ihn direkt aufgestellt.

Das glaube ich eher nicht, denn das können sie gar nicht.

Können sie wohl!

Nee.

Woher willst du das denn wissen?

Denke ich mir so.

Dann komme doch und guck.

Würde ich ja gerne, aber du weißt ja, dieses Virus …

Hast du etwa davor Angst?

Ja, sehr.

Mama auch und Papa auch. Ich ja auch.

Brauchst du aber nicht, das betrifft ja nur die großen Leute.

Uiii, und dabei bin ich schon so groß. Ich werde ja bald geboren.

Ja, das stimmt. Magst du jetzt das nächste Türchen aufmachen?

Türchen-aufmach

Oh, eine Puppe.

Nein, das sind Sterne.

Hach, ich liebe Sterne.

Ich auch.

Welchen hast du am liebsten, Oma?

Ich mag den Wandelstern Mars sehr gerne.

Ich ja auch.

Wollen wir mal dahin?

Klar!

mit-Spatzenkind-zum-Mars-flieg

auf-dem-Mars-spazierengeh

Vorsicht, ein Sandsturm! Rasch zurück in das Raumschiff!

schnell-wieder-zurückflieg

Uiii, das war aber gar nicht schön.

Da ist es hier gemütlicher.

Finde ich auch.

am-Daumen-lutsch

dabei-einschlaf

Dann gute Nacht, mein Kleines. Bis morgen.

10. Dezember

Hallo Oma, ich habe schon mal das nächste Türchen aufgemacht.

Mein Spatzenkind, richtig so. Ist ja dein Adventskalender.

Siehst du, Oma, es ist wieder ein Teddybär.

Mein Kleines, es ist ein Buch.

Hurra! Kann Mama mir ja vorlesen. Oder du?

Klar, mach ich.

Dann bitte!

erste-Seite-aufschlag

Lies vor, Oma. Was steht denn da?

Ich kann es nicht lesen, ich habe keine Brille auf.

Oma-ihre-Brille-geb

Danke schön *Brille-aufsetz*

Und nun lies.

Moment, meine Brille ist beschlagen.

Omas-Brille-putz

Danke schön.

gähn

gähn

Weißt du was, Oma …

Was denn?

Mama holt gerade ein Bilderbuch und liest uns Kindern die Gute-Nacht-Geschichte vor. Ich muss leider weg.

Ach je, das ist aber traurig …

Und nur der geneigte Leser weiß, dass die kleine Oma ganz froh darüber war, aber das bleibt unter uns.

11. Dezember

Oma, heute darfst du mal das nächste Türchen aufmachen.

Das mache ich gerne *Türchen-aufmach*

*Was ist das? Ich kann es doch nicht sehen *heul**

Ein kleiner Engel.

Was ist ein kleiner Engel?

Ein Himmelswesen.

Was ist ein Himmelswesen?

Ein Wesen, das nicht von unserer Erde ist.

Du meinst die Erde, mit der Julian immer im Garten herumwirft?

Nein, der Begriff Erde ist ein Teekesselchen.

Mama macht schon mal Tee.

Was ist denn Tee?

Ein aromatisches Getränk, oft aus Kräutern wie Kamille und so.

Was ist ‚und so‘?

Ein Glück, ich dachte schon, du wolltest wissen, was Kräuter sind.

Also ‚und so‘ heißt noch viele weitere.

Weitere was?

Kräuter.

Ich will die Kräuter doch gar nicht wissen.

Sondern?

Und so.

Und so was?

Oma!

Ja?

Ich bin kein kleines Ungeborenes mehr.

Sondern?

wähhh meine Oma ist doof.

Entschuldige.

Halb so wild, Oma. Du bist die Beste.

Du aber auch.

Und Mama.

Alle.

Und der kleine Engel.

Sache geklärt.

Da bin ich froh. Weißt du, Oma, ich verstehe manchmal die Geschichten aus den Bilderbüchern nicht, die Mama vorliest.

Ja, klar, unser Gespräch dagegen war ganz einfach.

Finde ich auch. Oh, Klara hat ein Bilderbuch geholt.

Du musst Schluss machen?

Ja, Oma. Das wird wieder schwer.

Halte durch! Bis morgen, mein Kleines.

12. Dezember

Guten Abend, mein Spatzenkind.

Guten Abend, Oma. Es ist sooo langweilig heute.

Hab ihr gar nicht gespielt und gekocht heute? Vielleicht Plätzchen gebacken?

*Nein, Mama und ich mussten auf der Couch liegen. Das war vielleicht doof, ich bin dauernd eingeschlafen *gähn**

Naja, es klingt auf jeden Fall gemütlich. Bei dem Wetter draußen kann man auch nicht viel anderes machen.

Was hast du denn heute gemacht, Oma?

Bei uns ist etwas kaputt gegangen und wir mussten in den Baumarkt fahren.

Oh nein, das ist ja furchtbar!

Ach wo, so schlimm war es auch nicht. Wir brauchten nur einen neuen Wasserkasten für die Toilette, Opa hat ihn dann rasch eingebaut.

Haben wir auch so was?

Eine eurer Toiletten hat auch einen Wasserkasten, ja.

Dann kann Opa da doch auch einen neuen einbauen.

Wenn der kaputt sein sollte, sicher.

Aber das geht wieder nicht, wegen diesem Vurims.

Virus, ja, genau.

Ich mag das nicht.

Ich auch nicht.

Darf ich jetzt das nächste Türchen aufmachen?

Klar.

Türchen-aufmach

Eine Kerze.

Nein, ein Schneemann.

Was ist denn ein Schneemann?

Ein Mann aus Schnee, selber mit Schnee gebaut.

Warum denn?

Weil das Spaß macht.

Hahahaha!

Du lachst?

Ja, wegen dem Spaß.

Verstehe.

Ich glaube, ich werde bald geboren, Oma.

Ja, mein Schatz.

Dann kann ich endlich meinen Adventskalender sehen.

Und deine Mama.

Ach, die kenne ich doch.

Uiii, ein schwieriges Terrain.

wäääh

Ist alles so komisch

wäääh

Es geht wohl bald los. Da kommen komische Gefühle auf.

Ich will das aber nicht!

Geht vorbei, mein Kleines. Dann liegst du in deiner Wiege und schläfst.

zzzzz

Oh, das hätte ich wohl nicht so laut sagen dürfen ...

13. Dezember

Hallo, Spatzenkind. Ist alles klar bei dir?

Das weiß ich nicht, Oma. Es drückt so schrecklich. Ich weiß gar nicht, wo ich hin soll.

Ist bald vorbei, mein Kleines. Vielleicht schon in ein paar Tagen.

Und ist dann Eisnachten?

Nein, noch nicht.

Unsere Kugeln sind kaputt, sagt Papa.

Oh, dann braucht ihr neue.

Hast du welche, Oma?

Ja, die kann ich euch leihen.

Wie sehen die denn aus? Sind sie schön?

Öffne einfach das nächste Türchen.

*Mach ich *nächstes-Türchen-öffne**

Oh, sind die schön! Blau und weiß.

Rot und grün, mein Schatz.

Bist du sicher?

Doch, obwohl ...

Was denn?

Nun, ich habe eine Rot/Grün-Störung. Ich kann Farben nicht gut erkennen.

Ich ja auch.

Du auch?

Natürlich, die blaue Kugel ist gelb und die grüne ist rot.

Das ist Blödsinn.

wäääh

Entschuldigung.

Wenn ich es dir doch sage.

Wollen wir über Farben streiten?

Nein, Oma, lieber über Schokoladenkugeln. Haben Klara und Julian heute gemacht. Klara hatte eine rote und Julian eine grüne. Dann haben sie die gelbe geteilt.

Das war sehr weise.

Nein, das war Mama. Sie hat sie durchgeschnitten.

Gut.

Wollen wir auch eine durchschneiden, Oma? Dann teilen wir sie.

Gerne, ich hole schnell eine Schokokugel

Schokokugel-hol

kleines-Messer-hol

Darf ich?

Ja, aber sei vorsichtig.

Bin ich

mit-dem-kleinen-Messer-die-Kugel-durchschneid

beide-Hälften-ess

Hey! So war das nicht gedacht.

Entschuldige, Oma.

wäääh ich habe keine Schokoladenkugeln mehr

Warte, ich habe noch eine, die teilen wir noch einmal.

Oma-und-Spatzenkind-schneiden-gemein-sam-eine-weitere-Schokokugel-in-zwei-Hälften

Spatzenkind-futtert-die-eine-Hälfte-und-die-Oma-futtert-die-andere-Hälfte

Na bitte. Hat doch geklappt.

das-kleine-Bäuchlein-reib

gähn

einschlaf

zzzzz

War wohl zu anstrengend ... gute Nacht, mein Kleines. Bis morgen.

14. Dezember

wäääh

Was ist denn los?

Mama und waren heute beim Aharzt und das war gar nicht schön.

Ihr wart beim Arzt, okay, was hat er denn gesagt?

*Dass ich hier weg soll, ich will aber nicht *wäääh**

Du kannst nicht ewig bei Mama bleiben. Denk doch mal an deine schöne Wiege, die schon auf dich wartet.

Wenn ich aber nicht will?

Nun komm ...

Ich will nicht, so!

Mach lieber mal das nächste Türchen auf, solange es noch Zeit ist.

Türchen-aufmach

Was ist das, Oma?

Ein Stall mit einer Krippe.

Was ist ein Stall?

In einem Stall leben Tiere und eine Krippe ist der Futtertrog für die Tiere.

Und was hat das mit Eisnachten zu tun?

Das Jesuskind ist ja Weihnachten geboren.

Das weiß ich doch schon.

Und seine Mama hat es in diese Krippe gelegt.

In diesen Futtertrog?

Ja.

Ja, warum denn?

Weil sie kein Haus hatte und keine Wiege für das Kind.

Oh nein! Warum denn?

Eine lange Geschichte, mein Kleines.

Ich gebe dem Jesuskind meine Wiege, Oma. Und du legst die Decke drüber, die du mir schenken willst.

Und du?

Ich bleibe bei Mama.

Das geht aber nicht.

Denk doch mal an das arme Jesuskind, Oma.

Tue ich, aber das Jesuskind ist vor 2000 Jahren geboren und ist schon lange nicht mehr hier, sondern im Himmel. Es braucht deine Wiege nicht, ist aber nett von dir. Also komm du ruhig zur Welt.

Meinst du wirklich?

Ja, ich bin sicher.

Na gut, obwohl ich mir gar nicht sicher bin.

Oh, Klara holt gerade alle Bilderbücher aus ihrem Adventskalender. Papa liest heute Abend vor und dann muss ich ins Bett.

Dann viel Spaß bei der Vorlesestunde. Bis morgen, mein Kleines.

Bis morgen, Oma.

15. Dezember

Guten Abend, mein Spatzenkind.

Hallo Oma.

Wie geht es dir?

Nicht gut. Es drückt so und in meinem Bäuchlein ist es so komisch.

Was ist denn da so komisch?

Ich weiß das auch nicht, aber *wäääh*

Ich glaube, du hast wieder Angst.

Das glaube ich auch. Ich will hier bleiben, Oma.

Das wird nicht gehen, mein Schatz.

Und wenn ich nicht weg will, einfach nicht weg will?

Willst du wirklich aufhören zu wachsen? Willst du wirklich so klein bleiben? Nie deine Geschwister sehen? Nie den Weihnachtsbaum sehen? Und denke bitte mal an das kleine Schaf, das so lustige Geräusche macht, wenn man es schüttelt.

Hm, das stimmt, Oma. Aber ich will trotzdem, dass alles so bleibt, wie es ist.

Das wäre gar nicht gut, nur mit Veränderung kann man etwas Gutes behalten.

Hä?

lach zu schwierig? Ehrlich, verstehe ich selber kaum. Warum machst du nicht mal das nächste Türchen auf. Jetzt hast du noch einen eigenen Adventskalender, wenn du geboren bist, nicht mehr.

Türchen-aufmach

Der Weihnachtsmann. Was er dir wohl bringen wird?

Meinst du, ich bekomme etwas, Oma?

Ja, ich bin sicher. Ein Geschenk habe ich schon gesehen.

Und was ist das?

Ich verrate es dir: Es ist ein Baby-Badetuch mit Kapuze und einem Bärchen darauf. Wenn du gebadet wirst, kann Mama dich danach darin einkuscheln.

Das ist schön, Oma. Hast du auch ein Badetuch?

Sicher, aber ohne Bärchen drauf.

Wie schade.

Ich muss jetzt ins Bett, Klara und Julian haben schon ihre Schlafanzüge an und putzen gerade die Zähne. Gute Nacht, Oma.

Gute Nacht, mein Kleines. Schlaf schön.

16. Dezember

Guten Abend, Spatzenkind.

Hallo Oma. Darf ich das nächste Türchen aufmachen?

Klar!

Türchen-aufmach

Oh, eine Schneekugel.

Nein, das ist ein Lebkuchenmann.

Was kann man damit machen, Oma? Spielen?

Nein, essen, mein Schatz. Schmeckt gut, solltest du später mal probieren.

Mach ich. Heute kam ein Paket an. War das von dir?

Ja, meine Weihnachtsgeschenke für dich und deine Geschwister.

Mein Badetuch?

Ja, hast du es gesehen?

Mama hat es ausgepackt und findet das Bärchen süß. Und wenn es Mama gefällt, muss es schön sein.

Das freut mich.

trööööt-wäh-sing

Was machst du?

Ich probiere Julians Geschenk aus *Krach-mach*

Batterieen-rausnehm

Oh nein! Dann nehme ich Klaras Geschenk

mit-dem-weichen-Schneemann-kuschel

Schön?

Ganz toll! Und jetzt nehme ich mein Geschenk

mit-dem-Badetuch-abtrockne

Meine Güte, du machst das toll. Bist richtig groß.

Nur in deinem Buch, Oma. Vergiss das nicht. Und jetzt bist du mit deinem Geschenk dran, Oma. Was ist es denn?

Ein Pullover, habe ich mir von Opa gewünscht *den-Weihnachtspullover-anzieh*

Sieht toll aus, Oma.

Danke. Dann haben wir heute schon Bescherung gespielt.

War schön, Oma.

Dann bis morgen, mein Schatz.

Bis morgen, Oma.

17. Dezember (morgens ganz früh)

Oma! Omaaaaa!

augen-reib ja, mein Schatz, ich bin da.

Mama geht es nicht gut.

Oh je.

Was soll ich machen?

Du kannst nicht viel machen, mein Kleines.

Aber wenn es Mama doch nicht gut geht.

Dafür sorgen schon die Ärzte, ihr geht bald ins Krankenhaus.

Warum denn?

Weil du morgen zur Welt kommen wirst.

Oh nein!

Das wird morgen so sein, mein kleines Spatzenkind und es wird nicht so schlimm, wie du befürchtest.

Ich befürchte ja gar nicht, ich habe nur das komische Gefühl im Bäuchlein

wäääh

Das habe ich auch.

Du auch?

Sicher. Aber weißt du was? Ich habe diese Nacht von dir geträumt und dein Name war Melly.

Melly?

Ja, die Abkürzung von Melinda.

So heiße ich aber gar nicht. Ich heiße …

Ja?

Darf ich nicht verraten.

Na schön, morgen verraten es deine Eltern ja doch.

Mama und ich gehen jetzt frühstücken, Oma. Bis später mal.

Bis später, mein Kleines.

mittags

Hahaha! Du hast mit Mama Spaß gemacht.

Ja, wir haben mal gelästert über den Hausfrauenstress an Weihnachten.

Hahaha! War schön.

abends

Mein Kleines, wie sieht es aus?

Gut, Oma. Darf ich das nächste Türchen aufmachen?

Klar.

Türchen-aufmach

Der Eisnachtsbaum, ich sehe ihn genau. Ist denn heute schon Eisnachten?

Nein, mein Schatz, aber das letzte Mal, dass du ein Türchen von deinem Adventskalender öffnest. Morgen kommst du zur Welt.

Ich weiß, hat Mama mir gesagt. Was geschieht dann mit meinem Adventskalender?

Der ist ja nur virtuell.

Ach so, verstehe. Habe ich hier zuhause auch einen?

Ihr Kinder habt bei euch zuhause drei Adventskalender, zwei mit Bilderbüchern und einen mit Schokolade. Also ist das auch geklärt.

Ich verstehe.

Wirklich?

Nein, aber das sehe ich dann ja.

Du wirst viel schlafen.

Schon wieder? Mama und liegen doch nur auf der Couch rum, wegen der Schonung.

Die geht dann weiter.

Aber irgendwann, Oma, irgendwann ...

Was denn?

Irgendwann laufe ich auf meinen zwei Beinchen durch das Haus.

Garantiert. Und Mama hinter dir her.

Und jetzt schlaf mal schön, morgen wird ein aufregender Tag. Ich melde mich morgen früh noch einmal und dann ist das Buch zu Ende.

Und ich haue morgen auf dieses Vurimdings drauf, damit du kommen kannst. Bis morgen früh, Oma.

Bis morgen früh, mein kleine Ungeborenes.

Morgen ist dein Geburtstag.

18. Dezember (morgens ganz früh)

*Omaaa! *wäääh**

Mein Kleines, bleib ganz ruhig.

*Bin ich ja *wäääh**

Da ist nur das komische Gefühl im Bäuchlein.

Du hast Angst, ist klar. Komm, gib mir deine Angst.

Oma-die-Angst-geb

Besser?

Ja.

Nein.

Mama hat doch auch Angst.

Das weiß ich. Aber Papa ist ja da. Es ist bald vorbei.

Ich will bei Mama bleiben!

Ich will in meine Wiege!

Eins nach dem anderen.

Ich singe dir etwas vor, mein Weihnachtslied:

Sternenglanz weht durch den Raum,
schwebt umher ganz leise,
springt dann zu dem Weihnachtsbaum,
legt sich auf die Zweige.

Alte Sternenmelodien
säuseln durch das Zimmer,
heften sich an Mensch und Baum,
summen ihre Lieder.

Sternenstaub klebt an den Kerzen,
tropft im Wachs herunter,
legt sich über unsere Herzen
und auf Tag und Traum.

Weihnachtsfreude, Weihnachtslicht
kann nun jeder sehen,
Weihnachtswunder uns verspricht,
hier ist Bethlehem.

zzzzz
Schläft ein wenig …

****

10.22 Uhr

Linda Therese

ist da !!!

****

Angelika Pauly

Angelika Pauly, dreifache Mutter und dreifache Großmutter, wurde am 15.4.1950 in Wuppertal geboren.

Sie ist Schriftsetzerin und Buchdruckerin, Schriftstellerin und Musikerin zugleich.

Sie begann ein Studium der Mathematik an der Bergischen Universität Wuppertal. Die Mathematik hat sie auch nie richtig losgelassen. So belegt Angelika Pauly noch heute regelmäßig verschiedene Mathekurse, z.B. an der Fernuni Hagen. Zuletzt „Zahlentheorie" und demnächst vielleicht „Gewöhnliche Differentialgleichungen", je nach Zeit und Interesse.

Außerdem entdeckte sie schon sehr früh ihre Schreib- und Musikleidenschaft. So begann sie Kinder- und Märchenbücher zu schreiben, außerdem Fantasy-Bücher, Lyrik und Kinderlieder, die sie selber instrumentiert.

Ihre erste Veröffentlichung datiert aus dem Jahre 1974.

Sie lebt in Wuppertal, ist aber Mitglied der Gesellschaft der Lyrikfreunde Innsbruck und Mitglied des Vereins der Schriftstellerinnen und Künstlerinnen Wien.

Neben der Gitarre spielt sie auch gerne Keyboard.

www.angelika-pauly.de